MON P'TIT CAHIER
ÉMOTIONS

4-8 ANS

CÉCILE NEUVILLE

ILLUSTRATIONS
AXURIDE (INTÉRIEUR)
ISABELLE MAROGER (COUVERTURE)

SOMMAIRE

Introduction

Être parent, le plus beau métier du monde ? Alors pourquoi est-ce si difficile de se retrouver face à ce petit être innocent, qui parfois pleure, crie, s'énerve ou s'effondre au point de nous faire sentir un « mauvais parent » ? Rassurez-vous, muni de quelques astuces et armé d'une bonne écoute, vous aiderez votre bambin à gérer ses inévitables émotions, plutôt que de les subir !

Que vous maîtrisiez déjà ou non quelques bases d'éducation positive, vous allez glaner dans ce cahier de nouvelles idées pour accompagner votre enfant vers encore et toujours plus de confiance, de sérénité et de bonheur !

Au fil des pages, vous allez découvrir :

- le profil émotionnel de votre enfant, plutôt sensible, stable, doux, réactif ou heureux, et comment réagir de façon adaptée ;
- comment fonctionnent réellement ses émotions, les petites hormones qui y sont associées, leur langage, leur cycle et les besoins qu'elles expriment ;
- les 7 bons réflexes du parent bienveillant qui sommeille en vous et comment appliquer les bases de l'éducation émotionnelle avec votre enfant ;
- 4 programmes anti-crise de colère, de stress, d'angoisse ou de jalousie, selon le besoin ;
- mais aussi 4 programmes pour cultiver le bonheur de votre enfant, car c'est tout de même ça l'essentiel au fond, non ?

Alors, prêt pour devenir un parent au top pour aider votre enfant à maîtriser ses émotions avec bienveillance, créativité et enthousiasme ? C'est parti !

Test : quel est le profil émotionnel de mon enfant ?

Votre enfant a-t-il tendance à pleurer, à crier ou à s'isoler lorsqu'il est déçu ou énervé ? Ou bien parvient-il à se calmer facilement, seul ou grâce à vos câlins ? Répondez avec spontanéité à ce test pour identifier son profil émotionnel, et ainsi pouvoir l'accompagner de façon encore plus adaptée dans la gestion de ses émotions !

C'est l'heure de partir à l'école, comment réagit le plus souvent votre enfant ?

- Il prend son temps, traîne un peu (beaucoup ?) et peut même parfois se plaindre de maux de ventre.
- Il se lève, déjeune, se prépare et se tient prêt à la porte à l'heure du départ à l'école.
- Parfois, il est excité et saute partout ; parfois, il fait une crise de colère pour ne pas y aller.
- Il se prépare à son rythme, prenant bien le temps de faire un câlin à chaque membre de la famille, y compris au chat.
- Toujours le sourire aux lèvres, il est heureux de partager ce moment avec vous et heureux d'avance d'aller à l'école.

Comment décririez-vous les émotions de votre enfant en général ?

- Très (trop) fréquentes et très (trop) expressives.
- Fréquentes et exprimées spontanément.
- Fréquentes, mais retenues, peu exprimées.
- Régulières et exprimées avec calme et douceur.
- Rares ou discrètes et exprimées avec des mots bien choisis.

Quelle couleur représente le mieux les émotions de votre enfant selon vous ?

- Le rose, couleur de la douceur et de la tendresse.
- Le rouge, couleur de la passion et la réactivité.
- L'orange, couleur de la joie et du bonheur.
- Le bleu ciel, couleur de la fraîcheur et la sensibilité.
- Le marron, couleur de l'assurance et de la stabilité.

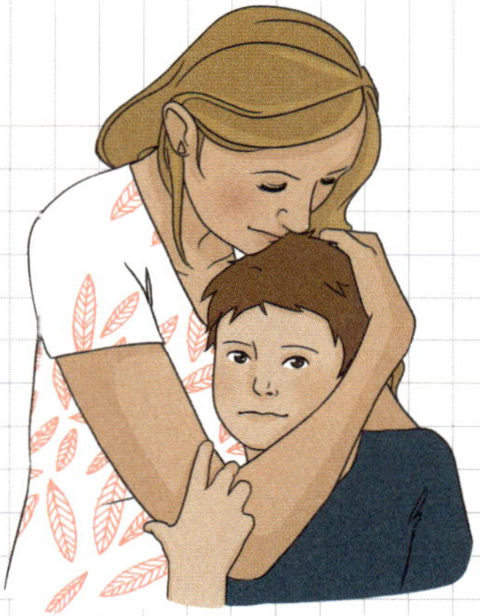

Vous deviez aller dans un parc d'attractions avec votre enfant, mais une tempête vous oblige à annuler la sortie. Comment réagit-il ?

- ☆ Calme, il comprend la situation et s'y adapte.
- 🍃 La larme facile, il s'isole pour aller pleurer dans sa chambre.
- ✿ Déçu, il vient chercher du réconfort dans vos bras.
- ☀ Vraiment déçu, il se met en colère comme si tout était de votre faute.
- 🐚 Créatif, il cherche une autre activité à faire avec vous à la place.

Quel type d'histoires votre enfant aime-t-il que vous lui lisiez ?

- 🐚 Des histoires riches en émotions et en rebondissements.
- ✿ Peu importe, du moment que vous le prenez dans vos bras.
- ☆ Peu importe, du moment que l'histoire est intéressante.
- ☀ Pas grand-chose, il a du mal à rester attentif bien longtemps.
- 🍃 Des contes de fées qui se terminent bien.

Arrivé à la caisse, votre enfant voit en gondole d'appétissants bonbons, que fait-il ?

- 🍃 Il les regarde avec envie et essaie discrètement d'attirer votre attention.
- ☀ Il vous harcèle avec énergie et persévérance jusqu'à ce que vous les lui achetiez.
- ☆ Il vous demande si vous pouvez lui en acheter et accepte votre réponse, que ce soit oui ou non.
- 🐚 Il exprime son envie avec enthousiasme, vous remercie sincèrement si vous lui en achetez et vous fait quand même un bisou sinon.
- ✿ Il tente l'approche de séduction en douceur, répétant plusieurs fois « s'il te plaît… », avec des yeux de chat poté.

Quel animal représente le mieux votre enfant selon vous ?

- ☀ Le yorkshire, affectueux mais nerveux.
- ☆ Le cheval, une force tranquille.
- 🍃 La biche, innocente et sensible.
- 🐚 Le dauphin, joyeux et généreux.
- ✿ Le chat, doux et câlin.

Faites les comptes !

🍃	☆	☀	✿	🐚

Vous avez un maximum de : profil Sensibilité

Votre enfant est un sensible. Il extériorise assez peu ou discrètement ses émotions. Il peut bouder, pleurnicher ou s'isoler. Ce cahier vous propose des astuces pour vous aider à lui faciliter l'ouverture aux autres et l'expression de ses joies comme de ses peines avec confiance et amour.

Vous avez un maximum de : profil Stabilité

Votre enfant est émotionnellement stable. Les émotions lui glissent facilement dessus. Il s'adapte ainsi aux différentes situations, mais est-il réellement heureux ? Ce cahier vous propose des astuces pour stimuler ses belles émotions en lui apprenant à accueillir et à canaliser les moins belles.

Vous avez un maximum de : profil Réactivité

Votre enfant est plutôt réactif. Il a du caractère, comme on dit ! Il sait ce qu'il veut et, que ce soit par les cris, la colère, le rire ou l'excitation, il ne passe jamais inaperçu. Ce cahier vous propose des astuces pour l'aider à canaliser ses émotions et profiter plus sereinement de sa belle enfance.

Vous avez un maximum de : profil Douceur

Votre enfant est un tendre. Il a le cœur caramel. Son visage d'ange ou ses yeux de chien battu font que très peu savent lui résister. Mais sa douceur ne l'aide pas toujours à grandir. Ce cahier vous propose des astuces pour l'aider à gagner en confiance et à déployer ses ailes avec plus d'autonomie.

Vous avez un maximum de : profil Bonheur

Votre enfant est plutôt épanoui ! Super, mais attention à ne pas le surestimer ou à le mettre trop en valeur. Ce cahier vous propose des astuces pour l'aider à continuer à vivre ses bonheurs d'enfant, en le préparant au mieux à vivre une vie d'adulte épanoui avec bienveillance et humilité.

Chapitre 1

Vous avez dit « émotions » : de quoi parle-t-on ?

Quand on vous parle d'émotions, vous pensez sans doute immédiatement à la joie, la colère, l'amour ou la peur. Dans la vie quotidienne, vous utilisez déjà spontanément ce vocabulaire pour décrire ce qui se passe en vous (*J'avoue, j'ai eu très peur, je l'aime tellement !*) ou pour tenter de traduire ce que vous percevez comme émotion chez votre enfant (*Il peut passer si vite d'un vrai moment de bonheur à une crise de colère !*). Mais savez-vous vraiment de quoi vous parlez ? Quelle différence y a-t-il entre une émotion et un sentiment ? Et à quoi servent ces émotions ? Que se passe-t-il dans le corps de votre enfant quand il se met en colère ou qu'il éclate de rire ? Qui contrôle réellement ses émotions ? Vous allez enfin tout comprendre, et en particulier qu'il s'agit bien plus que d'une histoire de cœur… mais aussi et surtout d'une histoire d'hormones !

Emotions, humeur, tempérament, sentiments : je m'y perds !

→ **Les émotions,** comme la colère, la peur, la joie ou encore l'enthousiasme, se déclenchent rapidement et durent rarement plus de quelques minutes. Elles provoquent instantanément des réactions physiques et des comportements le plus souvent observables par une personne extérieure attentive. Le visage de votre petit rougit et ses sourcils se froncent lorsqu'il commence à se mettre en colère ? Il a un large sourire et les yeux grands ouverts quand il s'amuse ou s'émerveille face à un petit animal ? Son corps réagit et il exprime des émotions ! Attention, si tous les enfants réagissent aux événements du

Le mot « émotion »
Issu du latin *e-*, qui signifie « vers l'extérieur », et *motion*, qui signifie « en mouvement », le mot « émotion » évoque donc lui-même un mouvement intérieur provoqué par un événement extérieur perçu par les 5 sens qui transmettent l'information à notre cerveau.

quotidien, que ce soit visible ou non, tous ne savent pas forcément exprimer leurs ressentis, ce qui se passe en eux, dans leur cœur, leur tête ou leur corps.

Un enfant peut, par exemple, s'effrayer à la simple vue d'une araignée ou suite à un bruit un peu fort et inattendu, une grande tendresse peut l'envahir à la moindre caresse sur les cheveux ou en sentant l'odeur de sa maman sur son doudou, et sa joie peut s'exprimer rien qu'en savourant une bonne glace.

Un processus physiologique stimule alors les systèmes nerveux et hormonal, provoquant des réactions des muscles, du rythme cardiaque ou de la respiration. Le doudou, une chanson de maman ou un câlin de papa apaisent par exemple quasiment instantanément un enfant, toutes ses tensions se relâchent, son cœur et sa respiration ralentissent.

Toutes ces petites réactions émotionnelles s'accompagnent de pensées furtives, souvent intenses et incontrôlées, et enclenchent des comportements réflexes comme la fuite face à l'araignée, des cris suite au bruit inattendu, des larmes devant une scène triste d'un dessin animé ou le rire provoqué par les chatouilles de papa.

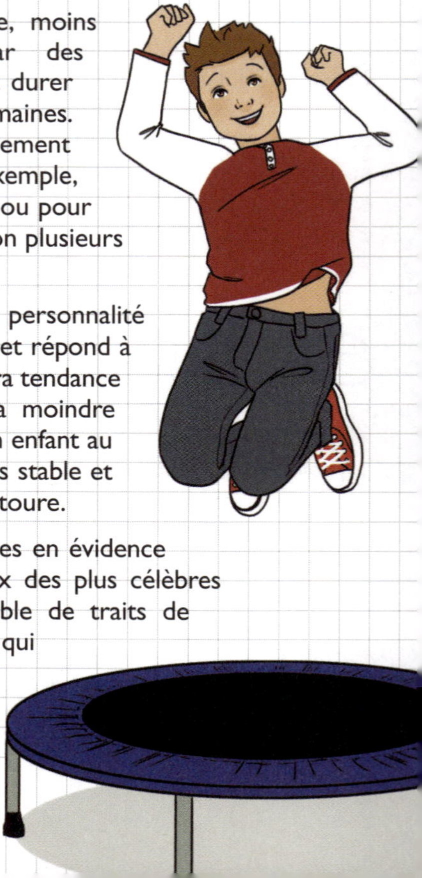

→ **L'humeur** est moins précise, moins intense, moins influencée par des événements récents, et elle peut durer des heures, des jours ou des semaines. Cet état de fond facilite le déclenchement des émotions qui lui sont proches : par exemple, votre enfant se met en colère pour un oui ou pour un non, ou bien éclate de rire à la moindre occasion plusieurs jours durant.

→ **Le tempérament** se définit plus largement comme la personnalité de fond d'un enfant, la façon innée avec laquelle il interagit et répond à son environnement. Un enfant au tempérament nerveux aura tendance à réagir au moindre bruit, au moindre imprévu et à la moindre situation avec des émotions vives et intenses. À l'inverse, un enfant au tempérament calme aura tendance à avoir une humeur plus stable et sereine, réagissant moins vite et moins souvent à ce qui l'entoure.

→ **Les forces de caractère** ont été plus récemment mises en évidence par **Martin Seligman** et **Christopher Peterson,** deux des plus célèbres chercheurs en psychologie positive. Il s'agit d'un ensemble de traits de caractère commun aux personnes les plus heureuses, et qui sont beaucoup moins présents chez les personnes les

moins heureuses. Ils ont ainsi distingué 24 forces de caractère propices au bonheur, comme la curiosité, le courage ou l'humour.

La bonne nouvelle ? C'est qu'il est possible de développer ses forces de caractère à tout âge et de devenir l'artisan de son propre bonheur ! Il suffit de bien s'entraîner. Vous pouvez donc, dès son plus âge, aider votre petit à développer des qualités telles que la créativité, la gentillesse, l'humilité, la gratitude et l'espérance. Autant de clés qui favoriseront son bonheur d'enfant et sa future vie d'adulte épanoui.

Test : quelles sont ses forces innées ?
Dès 7 ans, vous pouvez proposer à votre enfant de passer gratuitement le test officiel des forces de caractère sur le site Internet www.viame.org. Vous pourrez ensemble identifier les forces qu'il possède déjà et repérer celles qu'il pourrait renforcer avec votre aide. Vous y trouverez aussi d'ailleurs un test pour les adultes. Pourquoi ne pas tous passer votre test et échanger sur vos résultats respectifs ?

→ **Les sentiments,** quant à eux, sont des expériences mentales et émotionnelles plus privées, plus intimes que les émotions, qui transparaissent d'emblée sur notre visage. Les sentiments représentent un état affectif durable qui évolue avec le temps. Ils naissent, grandissent et finissent parfois par disparaître. Quelques exemples : l'amour, la haine, la confiance, la méfiance, l'insécurité ou le bonheur.

Le sentiment d'insécurité
Le sentiment d'insécurité d'un enfant peut, par exemple, être provoqué par un bruit inconnu provenant de la cave, qui peut alors déclencher une cascade d'événements neuronaux et hormonaux.

- Dans un premier temps, les muscles de votre enfant deviennent visiblement plus tendus, son petit cœur bat plus fort, il a le souffle court et son visage pâlit. Il exprime alors visiblement sa peur.
- Dans un deuxième temps, le sentiment d'insécurité va progressivement s'installer si l'émotion négative n'est ni prise en compte ni apaisée et que sa source ne disparaît pas. Si ce bruit étrange provenant de la cave persiste et si personne ne semble réagir autour de lui, l'enfant enfouit sa peur plus profondément, car elle ne semble pas être normale ; pourtant, elle est bien réelle pour lui.
- Une profonde angoisse, quasi permanente, peut alors se développer vis-à-vis de la cave, et le sentiment d'insécurité peut rapidement s'élargir à l'ensemble de la maison, voire, plus largement encore, à l'ensemble de sa vie si personne n'y fait attention.

L'émotion se situe à la base de la naissance d'un sentiment. Nous exprimons d'abord une émotion, avant de ressentir au fond de nous le sentiment plus profond qui lui est associé, mais qui ne s'observe plus aussi facilement dans nos réactions physiques ou comportementales.

Nous regardons donc le monde à la lumière de notre tempérament, de nos forces de caractère, de notre humeur, mais aussi… avec les lunettes de nos sentiments ! Nos jugements, nos décisions et même notre état de santé sont influencés par nos sentiments, que l'on en soit conscient ou non. Le sentiment d'impuissance, par exemple, nous fait voir le monde sur un mode négatif, alors qu'un sentiment amoureux conduit (très) souvent à percevoir toute situation sous son meilleur jour.

Ça sert à quoi, au juste, une émotion ?

Comme un **système d'alerte interne, nos émotions** nous informent sur nos états intérieurs respectifs et sur notre équilibre intérieur. Votre enfant est influencé dans son quotidien par ses émotions, sans qu'il en ait forcément conscience, et chaque émotion a son utilité !

Les 4 principales fonctions des émotions pour votre enfant

1. Elles l'aident à s'adapter aux situations

Les émotions de votre enfant lui permettent de maintenir ou, au contraire, de mettre fin à ses actions, à ses habitudes ou à ses automatismes. C'est, en quelque sorte, son système de survie.

Les émotions agréables lui donnent de la force, de l'énergie, de la vitalité ou du courage, et lui permettent de renforcer ses liens avec ses proches ou d'en créer avec des inconnus. Le plaisir de passer du temps avec vous peut donner à votre enfant le courage et la motivation pour venir faire les courses avec vous ou entretenir régulièrement le jardin à vos côtés.

Les émotions moins agréables lui donnent la force de surmonter les obstacles, les pertes, le manque, de se remettre en question, et lui permettent d'éviter les situations dangereuses, malsaines ou nuisibles pour lui ou pour autrui. Par exemple, sa déception s'il reçoit une mauvaise note à l'école le motivera à mieux écouter en classe au prochain cours, et sa peur du vide l'empêchera de se rapprocher du bord d'une falaise.

2. Elles l'aident à prendre ses décisions

S'exprimant physiquement ou sous la forme d'une « intuition », les émotions de votre enfant l'aident consciemment ou non dans ses choix de la vie quotidienne. Par exemple : selon ce qu'il ressent envers tel ou tel camarade, il va choisir de s'asseoir à la cantine à côté de lui ou non ; selon ce qu'il a envie de ressentir ou pas, il va regarder telle émission ou tel dessin animé à la télé, et même zapper si ce qu'il regarde commence à l'ennuyer ou à lui faire peur.

Pour prendre de bonnes décisions, on pense souvent qu'il est préférable de mettre ses émotions de côté. Et si, à la place, nous encouragions nos enfants à écouter un peu plus leurs émotions… et leur intuition ?

3. Elles lui permettent de mieux communiquer

Quand il traverse une émotion, votre bambin transmet aux autres, consciemment ou non, des informations sur son état intérieur. Cette faculté naturelle de transmission d'informations permet à chacun d'être à l'écoute de l'autre et de préserver un équilibre sain et bienveillant dans la relation. Par exemple : si votre enfant est triste, s'il pleure ou s'il se replie sur lui-même, il attire l'attention des personnes qui peuvent l'aider à surmonter son chagrin. Inversement, lorsque votre enfant aperçoit un autre enfant triste, il aura naturellement tendance à vouloir aller vers lui pour l'aider à sécher ses larmes.

4. Elles révèlent ses besoins insatisfaits

Finalement, l'un des principaux rôles des émotions est de nous informer sur nos besoins et leur état actuel. Aussi, pour aider votre petit à réduire une émotion un peu trop intense, fréquente ou inconfortable, la clé est avant tout d'identifier avec lui le besoin qu'elle signale et de trouver le moyen de le satisfaire d'une façon saine. Vous constatez depuis quelque temps que votre enfant est colérique au retour de l'école ? C'est probablement le signal d'un besoin non satisfait : peut-être s'agit-il de son besoin de dormir (comment se passent ses nuits en ce moment ?), de son besoin de reconnaissance (lui portez-vous suffisamment d'attention ces derniers temps ?) ou encore de son besoin de liberté (a-t-il un moment pour jouer ou enchaîne-t-il l'école, les devoirs, la douche, le repas ?).

Une même émotion peut donc exprimer des besoins différents selon la situation. Ce n'est pas toujours évident à première vue, mais rassurez-vous, nous y reviendrons !

Pour vous, en tant que parent, être à l'écoute des émotions de votre enfant est donc essentiel ! Elles vous donnent des informations sur son bien-être général et sur l'importance de ce qu'il vit dans chaque situation.

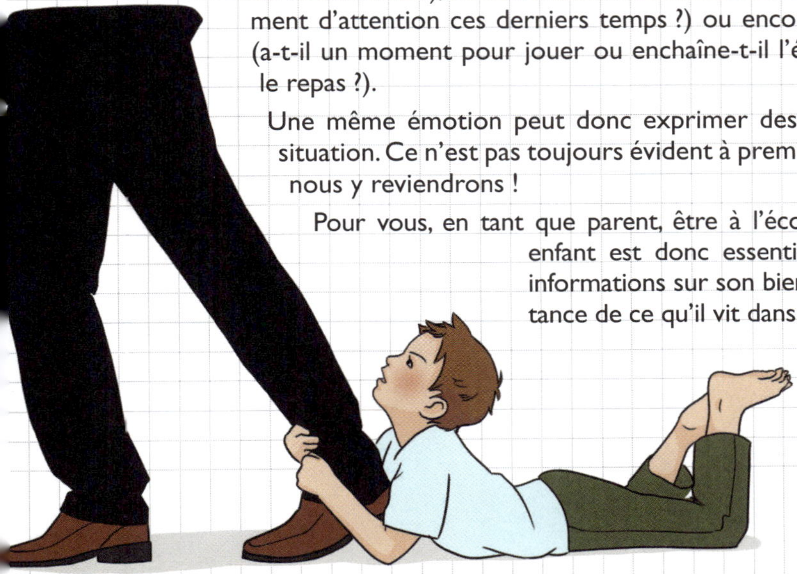

Une alarme à 3 niveaux

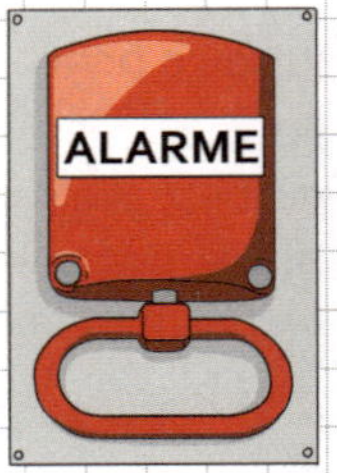

Tranquillité ou danger ?

Votre enfant ressent donc chaque jour **des émotions agréables** et **d'autres moins…** Pourtant, ce sont elles qui l'aident à **évaluer…**

- **son état :** comment se sent-il ? Bien ? Mal ? Détendu ? Nerveux ?
- **une situation :** est-elle confortable, sans danger ?
- **un individu :** se sent-il bien avec cette personne ? Se sent-il en sécurité avec elle ?

➔ En fonction de ce qu'il ressent, votre petit prend des décisions tout au long de sa journée : s'il se sent bien, il va continuer ce qu'il fait ; s'il se sent mal, il va vouloir passer à autre chose. De façon imagée, ses émotions agréables lui servent de feu vert, tandis que ses émotions désagréables lui servent de feu rouge.

➔ Repérer l'affect positif ou négatif des émotions de votre enfant vous permet d'avoir un indicateur de son bien-être général : ses rires et ses sourires sont effectivement plus rassurants sur son état que ses pleurs ou ses cris.

Niveau d'importance ou de danger

Par **leur intensité,** les émotions de votre enfant vous indiquent à quel point la situation l'affecte, qu'il en ait conscience ou non. Tous les enfants ne réagissent pas émotionnellement de la même façon à une même situation, et il est essentiel de ne pas minimiser ni surestimer l'éventuelle tristesse ou colère de votre enfant, ni même sa joie ou son amour. Par exemple, un enfant peut être profondément triste à la mort de son poisson rouge, tandis qu'un autre peut être simplement déçu sur le moment, mais rapidement passer à autre chose.

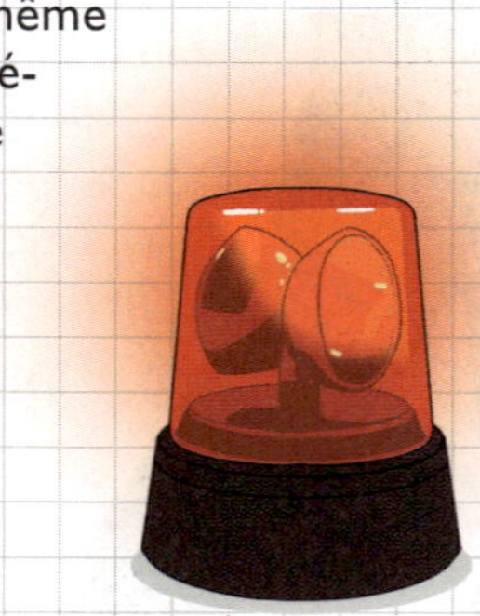

➔ Repérer le niveau d'intensité des émotions de votre enfant vous permet d'estimer l'importance ou la gravité de ce qu'il vit : la quantité de pleurs, le volume sonore, la puissance de ses mots… autant d'indicateurs de cette intensité à prendre en compte.

Profondeur et durée de l'impact

En fonction de **la fréquence et de la durée d'une émotion,** il peut s'agir d'une réaction émotionnelle ponctuelle de votre enfant liée directement à la situation (un sursaut à la suite d'un grand bruit ou des larmes de joie face à un beau cadeau) ou une réaction émotionnelle liée à des sentiments profonds qui s'installent : un sentiment permanent de colère peut faire réagir violemment votre enfant à la moindre contrariété sans que cela semble justifié sur le moment.

➔ Estimer la fréquence inhabituelle et l'intensité démesurée d'une émotion ponctuelle de votre petit vous informe sur les sentiments profonds, ou non, qui le traversent.

Attention !
Votre enfant peut parfois réagir intensément dans une situation qui ne vous aurait vous-même pas du tout affecté : ne minimisez pas pour autant son émotion ! Inversement, votre enfant peut parfois ne pas être touché émotionnellement par une situation qui vous remue particulièrement : ne surestimez alors pas son émotion !

L'impact des émotions positives sur le bonheur de votre enfant

Les psychologues Robert Emmons et Michael McCullough de l'université de Californie, aux États-Unis ont mené en 2003 des recherches en psychologie positive qui consistent à demander à des personnes d'écrire chaque jour 5 raisons qui peuvent les rendre reconnaissantes. Selon les résultats de cette étude, lorsque l'on consacre 1 à 2 minutes par jour à se dire « Je suis reconnaissant d'être en vie », on éprouve plus d'émotions positives et notre bien-être augmente petit à petit. La répétition de l'exercice permet d'engendrer une bonne humeur permanente qui favorise le déclenchement de la joie, du rire, ce qui nourrit positivement le mental et l'organisme. Voilà un beau cercle vertueux !

Petit rituel à mettre en place
À l'action ! Et si vous mettiez déjà un premier petit rituel en place avec votre enfant ? Chaque soir, avant d'aller au lit, proposez-lui de partager chacun les 5 raisons pour lesquelles vous avez envie de dire merci aujourd'hui. Montrez-lui l'exemple de vos 5 gratitudes du jour pour l'inspirer et aidez-le les premiers jours. Vous verrez que, très vite, l'inspiration lui viendra de plus en plus facilement !

Le cerveau : le maître à bord des émotions dans le corps

Émotions plus ou moins agréables, intenses et durables, peu importe, tout est coordonné par le cerveau de votre enfant. C'est là qu'arrivent toutes les informations perçues par ses 5 sens ! Ces informations sont notamment traitées à partir de ses expériences de vie personnelles et permettent au corps de s'adapter aux différentes émotions auxquelles il peut être confronté. Plus précisément, la partie qui régule ses émotions est une toute petite glande qui se trouve au centre du cerveau : elle se nomme l'hypothalamus.

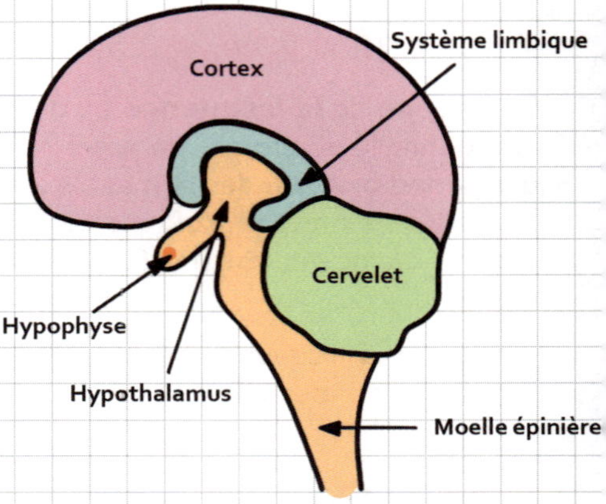

Coupe du cerveau

L'hypothalamus, au cœur de toutes les émotions

De petite taille (quelques centimètres cubes), l'hypothalamus de votre enfant joue pourtant un rôle majeur dans sa vie : il est impliqué dans la régulation des grandes fonctions de son corps, comme sa faim, sa soif, son sommeil ou sa température corporelle, mais aussi la régulation de ses émotions. Idéalement situé au cœur du cerveau de votre enfant, l'hypothalamus est une sorte de carrefour incontournable de communication interne entre :

- **son cortex,** le siège de ses pensées, sur le dessus de son cerveau ;
- **son système nerveux entérique,** aussi appelé « deuxième cerveau », qui regroupe l'ensemble des neurones présents dans sa paroi intestinale et qui est relié au cerveau principal par son nerf vague ;
- **son système nerveux,** les milliers de petits nerfs qui relient son cerveau à tous les muscles de son corps ;
- **son système hormonal,** c'est-à-dire l'ensemble des organes qui sécrètent les hormones qui circulent dans son sang et jouent un rôle essentiel en transmettant des messages sous forme chimique dans tout son organisme.

Pourquoi votre enfant devient-il rouge ou blanc sous le coup de l'émotion ?

Lors de fortes émotions, les informations perçues par votre enfant arrivent à son cerveau et sont acheminées jusqu'à son hypothalamus, qui enclenche alors toute une série d'événements physiologiques et hormonaux : le cœur de votre enfant bat plus vite, sa tension augmente, certains vaisseaux se dilatent pour diriger en priorité le flux sanguin vers son cerveau et ses muscles. C'est pourquoi il peut parfois **rougir** lorsqu'il est gêné ou en colère. En parallèle, ses petites artères qui conduisent le sang vers la peau se contractent et la composition de son sang se modifie afin de laisser le moins de sang possible s'échapper en cas de blessure : c'est ainsi qu'il peut devenir parfois très **pâle** sous l'emprise d'une grande émotion.

Tous ces changements n'ont qu'un but : lui permettre de devenir plus fort et plus rapide pour survivre au danger qui s'annonce, et le tout en une fraction de seconde !

Les petites messagères des émotions : les hormones !

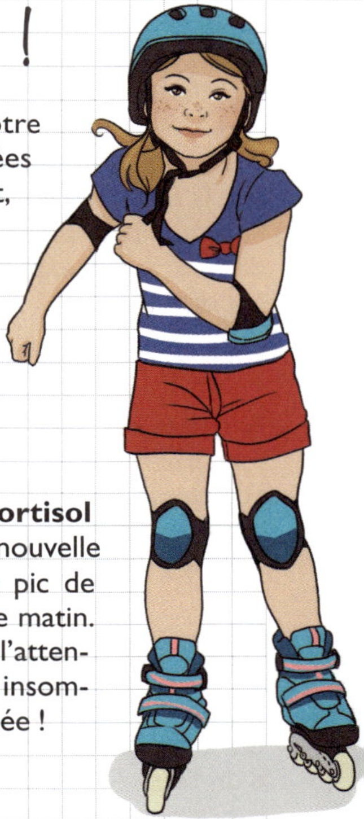

Chaque émotion a un impact particulier sur l'équilibre hormonal de votre enfant, c'est-à-dire sur la nature et la quantité des hormones déversées dans sa circulation sanguine. Ces hormones sont des protéines qui sont, en quelque sorte, les petites messagères de ses émotions. Partons à la découverte de ces principales messagères et de leurs missions respectives…

Cortisol : de la vitalité au stress

Comment ça marche ?

Quand votre enfant pète le feu, il est sous l'effet d'un **taux élevé de cortisol dans le sang.** Sa vitalité est au top, il semble prêt à se lancer dans une nouvelle aventure, à passer à l'action, il est motivé, dynamique et souriant. Un pic de production de cortisol au lever du jour favorise naturellement cet état le matin. Mais attention, un taux trop élevé de cortisol toute la journée diminue l'attention, augmente le stress, retarde le sommeil le soir et peut provoquer des insomnies. De la vitalité, oui, mais surtout durant la première partie de la journée !

Comment maintenir naturellement une production équilibrée de cortisol chez votre enfant ?

Veillez à ce qu'il se couche à la tombée de la nuit, se réveille au lever du jour, qu'il profite du soleil la journée et qu'il dorme dans l'obscurité, qu'il pratique l'activité physique et intellectuelle en début de journée, et des activités de repos et de détente en fin de journée.

> Réduisez ou éliminez au maximum pour votre enfant les boissons contenant de la caféine (boissons gazeuses ou énergétiques) et les aliments industriels riches en sucres (le pain blanc, les pâtes « normales », c'est-à-dire qui ne sont pas au blé complet, le riz blanc, les bonbons, les gâteaux, le chocolat, etc.), qui stimulent quasi instantanément la production de cortisol.

Mélatonine : la détente du sommeil

Comment ça marche ?

Quand votre enfant bâille et commence à s'endormir, il est sous l'effet d'un **taux élevé de mélatonine dans le sang.** Impossible de dormir sans cette petite hormone du sommeil ! Et ça tombe bien, son pic de production naturel survient en pleine nuit. Un enfant qui tombe de fatigue le soir, c'est adorable, et il est essentiel de le coucher aux premiers signes. S'il lutte, il va ralentir la production de sa mélatonine, retarder son endormissement et pourra provoquer sa propre insomnie.

L'aider à écouter son corps…

Accompagner son enfant dans un bon sommeil, ça commence par lui apprendre à écouter son corps et sa propre fatigue. En pleine journée, un enfant peut avoir quelques pics de mélatonine si son corps a puisé dans les réserves d'énergie et réclame un petit moment de recharge pour tenir le reste de la journée : c'est souvent le cas au moment de la sieste après le repas du midi. Mais attention, trop de mélatonine peut le mettre dans un état de fatigue permanent. Alors veillez à son bon sommeil la nuit, à son repos de temps à autre durant la journée, mais aussi à maintenir sa vitalité le reste du temps ! D'autant que la mélatonine est produite dans le cerveau à partir de la sérotonine, l'hormone du plaisir. Donc, plus le corps aura produit de sérotonine dans la journée, plus la quantité de mélatonine sécrétée le soir sera importante.

Comment maintenir naturellement une production équilibrée de sérotonine chez votre enfant ?

Faites en sorte qu'il dorme dans l'obscurité et qu'il prenne le soleil la journée ! Dans les premières heures de la journée, favorisez les activités calmes et de plaisir, et proposez-lui de prendre un bain chaud en soirée ou d'écouter une musique calme avant le coucher.

Ocytocine : l'amour de la tendresse

Comment ça marche ?

Quand votre enfant se prélasse de tendresse et de douceur dans vos bras, il est sous l'effet d'un **taux élevé d'ocytocine dans le sang.** Ses yeux brillent, son visage et son corps sont totalement détendus et vous avez l'impression qu'il déborde d'amour pour vous. L'ocytocine favorise le sentiment d'attachement à autrui, mais attention quand même à la dépendance et au développement de l'hypersensibilité. Elle lui donne aussi meilleure mine (car elle favorise la production d'œstrogènes, qui renforcent l'élasticité de la peau et son hydratation), et surtout facilite son endormissement en fin de journée. En effet, elle diminue son rythme cardiaque, ainsi que sa production de cortisol et donc son stress, ce qui facilite son repos ou son endormissement. Donc, câlinez votre enfant, oui, beaucoup même, mais veillez en parallèle à développer son indépendance et sa confiance en lui !

Comment maintenir naturellement une production équilibrée d'ocytocine chez votre enfant ?

Encouragez-le à faire des câlins avec ses proches, avec les animaux, les peluches, à écouter les autres, à les aider avec générosité, à développer une vie sociale riche, et bercez-le aussi souvent que possible de gestes tendres, de sourires et de douces paroles…

Dopamine : le piège de la récompense

Comment ça marche ?

Quand votre enfant ressent une forme d'extase, après une victoire par exemple, il est sous l'effet d'un **taux élevé de dopamine dans le sang.** Cet état est si agréable qu'il est souvent perçu comme une récompense en soi. Le piège ? Que votre enfant devienne accro à la dopamine, cherchant coûte que coûte à vivre des situations intenses et excitantes, mais pas toujours hors de danger (sauter de très haut, jouer avec le feu, pédaler très vite à vélo, voler dans un magasin, se mettre à fumer, etc.).

La dopamine fonctionne comme un starter, déclenchant l'éveil, l'attention, l'envie de bouger, d'apprendre, la motivation, le désir de nouveauté. Sans elle, votre enfant tombe vite dans l'ennui, la lassitude ou le découragement, et cette sensation de « fausse fatigue » diminue son activité dans la journée… Conséquence : son endormissement le soir est retardé. C'est la luminosité matinale qui déclenche sa production et permet à votre enfant un réveil tonique et une matinée pleine d'entrain ! Le reste de la journée, veillez à ce qu'il vive des émotions fortes, oui, mais pas n'importe comment, et beaucoup moins en fin de journée !

Comment maintenir naturellement une production équilibrée de dopamine chez votre enfant ?

N'hésitez pas à l'inscrire à des activités sportives et à ce qu'il fasse régulièrement appel à sa créativité ! Favorisez et valorisez ses petites réussites du quotidien, mais aussi ses projets, ses initiatives et ses visions positives d'avenir…

Adrénaline : de l'excitation au stress

Comment ça marche ?

Quand votre enfant se prépare pour un tournoi de foot, un spectacle de danse ou quand il stresse avant un contrôle, il est sous l'effet d'un **taux élevé d'adrénaline dans le sang.** Son cœur bat très vite, sa respiration s'accélère, ses pensées se bousculent… En somme, il perd un peu le contrôle de lui-même ! Deux possibilités : soit cela le stimule et lui donne la motivation nécessaire pour passer à l'action, soit au contraire cela le bloque en le figeant sur place. Il est donc essentiel de booster la stimulation et la confiance de votre enfant sans lui imposer un état de stress trop intense, pour provoquer une production suffisante d'adrénaline, mais sans excès.

Comment maintenir naturellement une production équilibrée d'adrénaline chez votre enfant ?

Faites en sorte de l'encourager avec beaucoup de bienveillance à l'annonce et à l'approche d'une compétition, d'une séance de sport, d'un contrôle, d'une situation d'évaluation, d'une prise de parole en public. Accompagnez-le petit à petit dans la gestion de ses émotions face à des séries ou des films qui font sursauter ou qui font peur, face à des jeux avec un chronomètre, proposez-lui régulièrement, tout en l'accompagnant, des petites prises de risque ou la sortie de sa zone de confort, comme de nouvelles activités ou la rencontre de nouvelles personnes…

Sérotonine : le bonheur des petits plaisirs

Comment ça marche ?

Quand votre enfant se réjouit, s'amuse et semble nager dans le bonheur, il est sous l'effet d'un **taux élevé de sérotonine dans le sang.** Il semble joyeux, épanoui et tout semble lui plaire : il voit la vie avec des lunettes roses et ça le rend attrayant pour ceux qui l'entourent ! Tous nos petits plaisirs au quotidien sont propices à la production de sérotonine, et nous aimerions tous vivre en permanence sur ce nuage de bonheur… Mais attention, là encore, un excès de sérotonine a ses dangers : une surexcitation, qui peut entraîner une confusion, des compulsions (alimentaires, d'achat…), des addictions (au chocolat, au sucre, au fromage…), voire à des insomnies liées à une excitation excessive. Il est donc essentiel de maintenir un équilibre entre les plaisirs d'excitation et les plaisirs d'apaisement. Et si cette hormone est essentielle à la régulation de l'humeur, elle influence aussi son sommeil : en effet, un niveau suffisant de sérotonine secrété pendant la journée favorise l'endormissement et la qualité du sommeil, car plus le corps aura produit de sérotonine dans la journée, plus la quantité de mélatonine, l'hormone du sommeil, sera importante. Si votre bambin est positif et joyeux, son terrain est favorable à une bonne production de sérotonine, et son sommeil n'en sera que meilleur !

Comment maintenir naturellement une production équilibrée de sérotonine chez votre enfant ?

Proposez-lui de déguster du chocolat noir et évitez de lui donner des boissons gazeuses ou trop sucrées, comme les sodas. Inscrivez-le à un sport qui lui plaît, à des activités artistiques, culturelles… En somme, à des loisirs qu'il apprécie ! Enfin, enjoignez-lui de profiter du soleil durant la journée (attention à bien le protéger en cas de forte exposition) et à lui suggérer de tester en famille des petites séances de massage, de respiration, de yoga ou de méditation, ou bien de repenser avec lui à des souvenirs agréables et de visualiser de bons moments à venir…

Endorphine : l'amie anti-douleur

Comment ça marche ?

Pour terminer dans la série des principales petites messagères des émotions, quand votre enfant ressent une grande vague de bien-être suite à une activité physique intense ou à une activité excitante, il est sous l'effet d'un **taux élevé d'endorphine dans le sang.** Surnommée la « morphine naturelle », elle anesthésie ses douleurs ou tensions physiques autant que ses peines de cœur. Attention, là aussi, au risque d'accoutumance ! Proposez-lui des activités excitantes, mais alternez avec des activités calmes et reposantes, qui provoquent elles aussi de l'endorphine.

Comment maintenir naturellement une production équilibrée d'endorphine chez votre enfant ?

Veillez à ce qu'il pratique des activités excitantes, comme un sport intense ou régulier, la danse, le chant, le jardinage, le ménage. Favorisez entre vous des discussions complices et veillez à ce qu'il mange de bons petits plats sains, du chocolat noir, à ce qu'il sente de bonnes odeurs… et surtout à ce qu'il sourie et rie le plus souvent possible.

Toutes ces petites hormones forment un système dynamique et bien réglé de messagerie des émotions de votre enfant. Leur dynamique influence ses émotions, et ses émotions influencent leur dynamique. Quoi qu'il arrive, donc, vous ne pouvez pas ignorer leur importance dans la vie émotionnelle de votre petit.

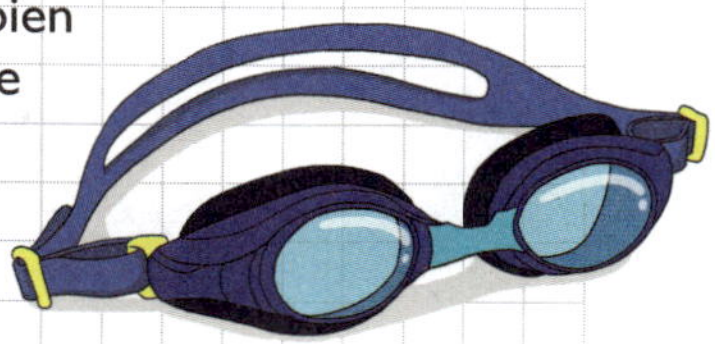

Le langage des émotions

Si les émotions de votre enfant sont communiquées au sein même de son corps de différentes façons par son système nerveux et son système hormonal, elles s'expriment aussi vers l'extérieur et vers autrui à plusieurs niveaux : verbal, paraverbal et non verbal, et cela depuis sa plus petite enfance. Aider votre enfant à mieux gérer ses émotions, c'est apprendre à écouter ses mots, à remarquer la façon qu'il a de les exprimer, mais aussi ses gestes, son attitude et son comportement. Autrement dit, il s'agit avant tout de porter de l'attention à votre enfant, de ne pas simplement l'écouter, mais de l'entendre réellement, de ne pas simplement le regarder, mais de le voir réellement, afin d'identifier ce qu'il ressent au plus profond de lui.

Les maux derrière les mots : le langage verbal

Vous l'avez déjà constaté, votre petit n'a pas toujours les bons mots pour exprimer ce qu'il ressent. Il ne maîtrise pas encore le vocabulaire émotionnel ! L'une de vos premières missions de parent est d'**accompagner votre enfant dans l'apprentissage du vocabulaire des émotions :** savoir identifier, reconnaître et nommer ses propres émotions et celles qu'il perçoit chez les autres.

Ce qu'il dit et comment il le dit : le langage paraverbal

En attendant qu'il maîtrise bien son langage verbal, votre petit sait déjà exprimer ses ressentis avec le ton de sa voix, son débit de paroles, ses intonations : c'est ce qu'on appelle le langage paraverbal. Un enfant excité la veille de Noël parle beaucoup plus vite et fort par exemple qu'un enfant émerveillé devant un coucher de soleil. Chaque émotion s'exprime de façon différente, selon son intensité. Votre rôle sera d'être **à l'écoute de son langage paraverbal,** qui est un bon indicateur de la puissance de ses émotions.

Ce corps qui le trahit : le langage non verbal

Ce qui s'exprime le plus chez un enfant, c'est son langage non verbal. Qu'il le veuille ou non, son inconscient cherche à tout prix à exprimer ses émotions. C'est une question de survie, car sans cette « décharge » émotionnelle régulière, il manquerait de ressources face à cette vie mouvementée intérieure. Ses émotions s'expriment au travers de ses gestes, de ses mimiques, de ses postures, de son comportement, de la façon dont il veut s'habiller, des couleurs qu'il souhaite porter, de sa façon de marcher… Elles s'expriment aussi par des symptômes plus ou moins visibles, plus ou moins « inquiétants », qui vont des joues qui rougissent ou de la transpiration excessive jusqu'à des réactions allergiques (eczéma, boutons…), des migraines ou des maux de ventre, autant d'indicateurs qui dévoilent son ressenti intérieur plus ou moins malgré lui. À vous d'apprendre **à écouter réellement votre petit, au-delà de ses mots,** en l'observant, en faisant attention à son corps, à ses attitudes, à ses gestes et à ses mimiques entre autres.

Bon alors, finalement, comment ça marche les émotions ?

Face à une surprise, votre enfant se réjouit ! Face à un danger, votre enfant s'effraie ! Face à une injustice, votre enfant se met en colère ! Concrètement, que se passe-t-il en lui ? Chaque réaction émotionnelle passe par différentes phases en suivant un ordre précis et immuable. Quelles que soient l'origine et l'intensité de l'émotion, la séquence est toujours la même et comprend quatre étapes : la charge, la tension, la décharge et la récupération. Il est donc essentiel pour vous, en tant que parent, d'apprendre à votre enfant à vivre ses émotions jusqu'au bout et de l'accompagner dans chacune des étapes, particulièrement aux moments de la décharge et de la récupération.

Le cycle naturel des émotions

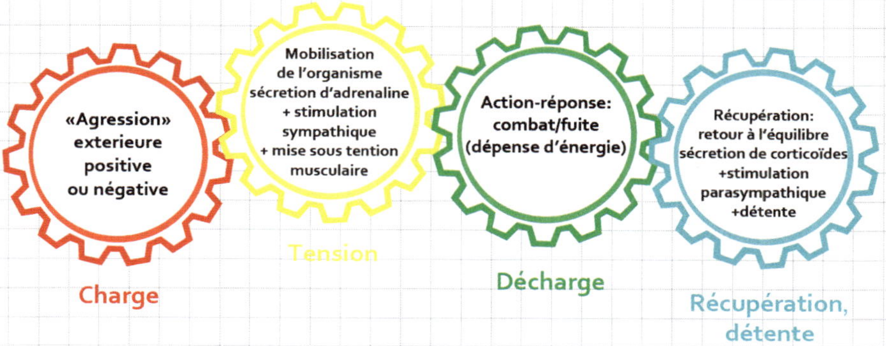

Le cycle naturel de l'émotion

1. Alerte, je suis touchée ! → la charge

Face à une situation, votre enfant perçoit des sensations au niveau de ses 5 sens (ce qu'il voit ou entend, les odeurs, les goûts, les sensations physiques), mais il capte aussi des sensations plus subtiles, des impressions, des intuitions, des pensées qui lui traversent l'esprit, des souvenirs qui peuvent remonter, et chacun de ces événements a un impact comme un signal sur lui. C'est l'ensemble de ces signaux que l'on nomme la « charge émotionnelle ».

Si un camarade de classe se moque de votre enfant, à chaque nouvelle moquerie entendue, à chaque rire qu'il entend de ce camarade, sa charge émotionnelle de tristesse, mélangée à un sentiment d'injustice et à de la colère, monte petit à petit, lui rappelant instantanément les précédentes situations de moquerie qui l'ont blessé.

Inversement, si vous annoncez à votre enfant que vous allez bientôt partir en week-end en famille à Disneyland, les images de Mickey et du château de la belle au bois dormant vont automatiquement lui venir à l'esprit, et sa charge émotionnelle d'enthousiasme va se mélanger à son excitation, à son impatience, à sa joie et à sa gratitude.

Le bon réflexe du parent bienveillant

Concernant **la charge émotionnelle** (étape 1), la meilleure chose que vous pouvez apprendre à votre enfant, c'est d'accueillir avec bienveillance ses émotions, les plus agréables comme les moins agréables, de ne pas les ignorer, les minimiser ni les dramatiser, les éviter ni les juger. Pour cela, montrez-lui vous-même l'exemple en accueillant toutes ses émotions avec bienveillance, dans le calme et le non-jugement !

2. Attention, ça bouge à l'intérieur ! → la tension

Selon la situation, ces signaux stimulent plus ou moins le système nerveux pour augmenter le tonus musculaire et/ou le rythme cardio-respiratoire, ainsi que le système hormonal pour activer par exemple la sécrétion de l'adrénaline (pour réagir rapidement) ou de sérotonine (pour apprécier le moment). C'est tout ce processus physico-chimique qu'on appelle la tension.

Face aux moqueries de son camarade, la colère de votre enfant s'exprime physiologiquement par une accélération du rythme de son petit cœur, une chute rapide de son taux de cortisol (hormone de vitalité et de stress), mais aussi par un pic brutal de son taux de testostérone (hormone sexuelle masculine) et par une augmentation de sa pression artérielle.

À l'annonce du séjour à Disneyland en famille, votre enfant ne tient plus en place, il sautille, tous ses muscles se mettent en action, des pics de dopamine (hormone de la récompense), d'adrénaline (hormone de l'excitation) et de sérotonine (hormone du plaisir) provoquent une accélération de son petit cœur, de sa respiration, ses pensées se bousculent et il perd un peu le contrôle de lui-même.

Le bon réflexe du parent bienveillant

Pour l'accompagner au mieux au moment de **la tension émotionnelle** (étape 2), veillez simplement à ce que votre enfant prenne bien le temps de **respirer** ! C'est essentiel à ce stade pour que son organisme puisse avoir assez d'oxygène pour enclencher ses différentes actions physiologiques de gestion de l'émotion dans les meilleures conditions.

3. Ouf, je lâche tout ! → la décharge

Tant qu'il n'a pas été au bout de son émotion, la tension émotionnelle s'accumule petit à petit et s'intensifie chez votre petit, jusqu'à ce que quelque chose en lui finisse par « exploser » ! Une crise de colère, un geste violent, un effondrement en larmes, ou au contraire, des larmes de joie, un élan d'amour ou un cri de joie (l'équivalent d'un orgasme chez l'adulte) ! C'est ce point culminant de libération de l'émotion que l'on nomme la décharge.

Trop, c'est trop ! La colère de votre enfant face aux moqueries de son camarade arrive à son point culminant, c'est là qu'il peut, selon son tempérament, soit piquer une crise de colère et se mettre à crier contre son camarade, voire avoir des gestes violents incontrôlés, soit craquer, s'enfuir et s'effondrer en larmes. Il libère d'un seul coup cette tension accumulée, mais souvent de façon incontrôlée et parfois inadaptée…

Comblé par l'annonce de ce séjour à Disneyland en famille, votre enfant explose littéralement de bonheur et peut, selon son tempérament, pousser un grand cri de joie et sauter partout autour de vous ou bien se jeter dans vos bras et pleurer de joie à chaudes larmes. Il libère d'un seul coup cette excitation accumulée, parfois de façon maladroite (il peut casser quelque chose en sautant partout) ou un peu trop bruyante pour les voisins !

Le bon réflexe du parent bienveillant

Pour lui faciliter **sa décharge émotionnelle** (étape 3), offrez-lui des espaces d'expression de ses émotions, pour qu'il puisse relâcher ses tensions émotionnelles : du sport, des sorties en extérieur, de la danse, du chant, des activités manuelles ou créatives… Surtout, offrez-lui régulièrement des espaces de parole, car l'une des meilleures techniques de décharge émotionnelle est l'expression verbale des émotions. Parlez régulièrement avec votre enfant de ce qu'il ressent, et vous éviterez de laisser s'installer des émotions longue durée (ELD).

4. Enfin, retour à l'équilibre → la récupération

Après cette décharge émotionnelle assez épuisante en termes d'énergie, une phase de récupération est nécessaire pour retrouver un équilibre harmonieux dans le corps. Le système nerveux orthosympathique prend alors le relais, pour que l'organisme retrouve son calme, ses forces et sa stabilité en ralentissant le rythme cardio-respiratoire et en relâchant toutes les tensions musculaires. De son côté, le système hormonal active alors en général la production d'endorphine (pour apaiser les douleurs) ou d'ocytocine (pour savourer l'instant dans l'amour).

Une fois la crise de colère ou de larmes passée, votre enfant aura vidé toute son énergie et sera épuisé comme s'il venait de courir un sprint. Il devra d'ailleurs reprendre son souffle pour pouvoir retrouver un rythme cardiaque et une pression artérielle raisonnables, et tous ses muscles vont se relâcher. Il est préférable dans ces moments-là pour lui de s'asseoir quelques instants et de respirer profondément pour retrouver son calme.

Quand l'excitation à l'annonce de la bonne nouvelle est passée, votre enfant se sent alors comblé de bonheur suite à un pic de sérotonine (hormone du plaisir), et un profond sentiment de gratitude et d'amour peut aussi l'envahir, provoqué par un pic d'ocytocine (hormone de l'attachement et de la tendresse). Épuisé par cette vague brutale d'excitation, votre enfant s'écroule dans vos bras. C'est le moment idéal pour un long câlin de récupération pour l'aider à retrouver son calme.

Le bon réflexe du parent bienveillant

Pour **la récupération émotionnelle** (étape 4), veillez avant tout à ce que votre enfant dorme le mieux possible, car chaque nuit est l'occasion de récupérer des émotions vécues dans la journée. Soyez très vigilant sur le sommeil de votre enfant, qui est l'un des piliers incontournables de son hygiène de vie. Mais ce n'est pas le seul, et nous y reviendrons dans le chapitre suivant !

Chapitre 2

Les besoins, ces détonateurs émotionnels

Pour bien comprendre l'origine des émotions de votre enfant, il est essentiel de prendre conscience que, face à une même situation, tout le monde ne ressent pas la même **charge émotionnelle.** Une même phrase prononcée par une maman peut être très bien accueillie par un enfant et en mettre un autre dans une crise de colère noire. Alors, quels sont les détonateurs qui activent plus ou moins les **tensions** intérieures de votre enfant ? Ne cherchez plus, voici la réponse, elle est unique et simple : ses besoins !

Un « besoin », quèsaco ?

Les besoins de votre enfant recouvrent l'ensemble de tout ce qui apparaît « être nécessaire » pour lui, qu'il ait conscience ou non de cette nécessité.

→ **Lorsqu'un besoin est frustré,** il s'accompagne d'une sensation de manque, d'inconfort ou de privation, doublée d'une envie de la faire disparaître. Votre enfant exprimera des émotions plutôt « négatives ».

→ **Lorsqu'un besoin est satisfait,** il engendre au contraire un sentiment de bien-être, de plaisir et de joie, accompagné d'un désir de faire durer cette satisfaction. Votre enfant exprimera alors plutôt des émotions « positives ».

Les besoins de l'enfant selon la pyramide de Maslow

Connaissez-vous la pyramide de Maslow ? En 1940, le psychologue américain Abraham Maslow a classé les besoins de manière hiérarchique sous la forme d'une pyramide, aujourd'hui bien connue des spécialistes de l'enfance.
L'idée ? Pour se réaliser pleinement et pouvoir combler les différents besoins qui se retrouvent aux cinq niveaux de la pyramide, votre bambin doit satisfaire en priorité ses besoins fondamentaux pour avoir une base solide sur laquelle se reposer. Si elle ne l'est pas, il aura de la peine à satisfaire ses autres besoins, situés aux niveaux supérieurs de la pyramide.

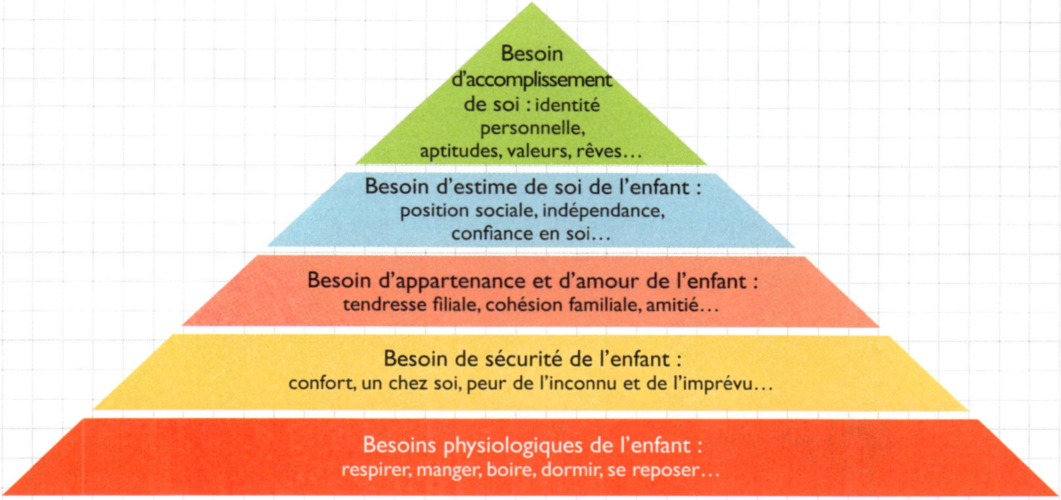

Besoins physiologiques

Au bas de la pyramide, on trouve les besoins physiologiques prioritaires nécessaires à la vie : être nourri, habillé et logé, dormir suffisamment. Si ces besoins ne sont pas comblés, impossible de construire les étages supérieurs. Votre enfant ne peut subvenir seul à ce besoin, même si en grandissant il devient plus autonome.

Besoins de sécurité

Votre petit a ensuite besoin de protection et de sécurité physique et psychologique : la sécurité objective, mais aussi la sécurité affective liée à ses peurs et à ses angoisses. Il a besoin d'une vie stable et de la présence régulière des personnes importantes pour lui. Un sentiment d'insécurité peut être dû à diverses formes de violence qui ne sont pas nécessairement dirigées contre lui, à une instabilité familiale, à une maladie ou à un manque de sécurité de l'emploi de ses parents.

Besoins d'appartenance et d'amour

Votre enfant doit se sentir aimé par sa famille et par ses pairs, camarades de classe, copains du voisinage et de sport, par les enseignants, les animateurs et les autres adultes qu'il côtoie. Il a besoin d'être accepté tel qu'il est, de recevoir et de donner amour et tendresse, d'avoir des amis. C'est ce qu'on appelle le besoin d'appartenance à des groupes. Il ne peut pas être comblé lorsque les deux premiers degrés de la pyramide comportent de grandes failles, car l'enfant aurait alors des difficultés à nouer des relations saines avec d'autres personnes.

Besoins d'estime de soi

L'échelon suivant de la pyramide de Maslow est celui de l'estime de soi. Votre enfant, dont les besoins précédents sont satisfaits, pourra nourrir son besoin d'estime de soi : estime de lui-même et estime des autres. C'est ce qui lui permet d'avoir confiance en lui, de se respecter lui-même, de se sentir utile, reconnu et apprécié des autres, de se forger son identité propre.

Besoins de réalisation de soi

En haut de la pyramide, on trouve la réalisation de soi, un besoin qui prend réellement son essor dès la fin de l'adolescence. Il n'empêche, votre enfant, quel que soit son âge, a déjà besoin d'exploiter et de mettre en valeur ses ressources personnelles : apprendre de nouvelles choses, étudier, développer ses compétences, créer, inventer, rêver…

Les 5 piliers de vie de ses besoins fondamentaux

Vous l'avez donc compris : la prise en compte des besoins de votre enfant est essentielle dans son équilibre émotionnel, or cet équilibre repose aussi sur plusieurs piliers incontournables de son hygiène de vie, tels que son sommeil, son alimentation, son hydratation, son activité physique ou ses relations sociales. Mieux vaut prévenir que guérir, n'est-ce pas ? Alors, avant tout, veillez à booster la vitalité de votre enfant en prenant soin des 5 piliers de son hygiène de vie !

Pilier n° 1 : son sommeil

Un enfant reposé est un enfant plus calme. Après une bonne nuit de sommeil, votre enfant parviendra toujours mieux à gérer ses émotions qu'après une nuit agitée.

Les 5 bons réflexes pour un bon sommeil

1. Diminuez les lumières au moment de la tombée de la nuit (l'obscurité favorisera la production de mélatonine, l'hormone du sommeil).
2. Ne dînez pas trop tard, pour laisser le temps à l'estomac de votre enfant de commencer la digestion avant l'heure du dodo.
3. Après le repas, veillez à maintenir des activités calmes pour votre enfant (coloriage, dessin, lecture…).
4. Maintenez une heure régulière de coucher, environ 2 heures après le dîner (mais avant 21 heures 30 !).
5. Mettez en place un rituel du coucher calme et rassurant pour votre enfant : par exemple, le câlin du chat, la lecture de 10 minutes au lit, le bisou, la veilleuse et la petite phrase apaisante du soir : « Bonne nuit, fais de beaux rêves, je t'aime, à demain… »

Pilier n° 2 : son alimentation

L'alimentation influence directement l'humeur et les émotions de votre bambin ! Dès le matin, son petit déjeuner conditionne son tonus pour la journée, il permet de réguler ses envies de sucre sur la journée et doit assurer un apport optimal pour ses besoins physiologiques. Plus votre enfant mange de sucre le matin, plus il en aura envie toute la journée et plus son taux de cortisol sera stimulé à des moments inappropriés, ce qui favorisera une humeur colérique ou stressée.

Les 5 bons réflexes pour une bonne alimentation

1. Donnez un petit déjeuner vitaminé et équilibré à votre enfant (ne le laissez jamais partir le ventre vide !) : un jus de citron ou d'orange dans un verre d'eau (appelez ça la « citronnade » du matin, c'est plus attrayant pour votre enfant), du pain complet avec une noisette de beurre bio riche en oméga-3, une banane, quelques noix, amandes ou noisettes, et un autre fruit de saison.
2. Proposez toujours au moins un légume à chaque repas du midi et du soir, de préférence un légume frais et bio cru ou cuisiné par vous-même (à la cantine, il y aura a priori toujours au moins un légume proposé aussi).

3. Évitez autant que possible de lui proposer des plats préparés, des plats en sauce trop gras ou l'excès de protéines animales, qui auront tendance à épuiser votre enfant en raison d'un effort de digestion trop intense.
4. Au goûter, n'achetez plus de bonbons, de gâteaux sucrés, de viennoiseries ou de pâte à tartiner, qui auraient tendance à stimuler son excitation sur la fin de journée et à retarder son sommeil. Habituez au plus tôt votre petit à prendre pour le goûter un fruit et un yaourt, une compote et des amandes ou bien un smoothie et une galette de maïs ou de riz. Bien entendu, il ne s'agit pas de bannir entièrement les petites douceurs de votre placard à gourmandises… mais proposez-en ponctuellement seulement !
5. Prévoyez à chaque repas une quantité raisonnable qui permette à chaque personne de se servir une fois (pas de deuxième service, surtout le soir, pour éviter les digestions interminables).

Le pouvoir des produits frais !
À la fin des années 1990, dans l'État du Wisconsin, aux États-Unis, de nombreux cas d'agression et d'absentéisme scolaire avaient lieu au sein du collège d'Appleton. Drogues et armes à feu complétaient ce (triste) tableau… Pour enrayer le phénomène, une entreprise locale de produits naturels, Naturak Ovens, a proposé à l'établissement de supprimer l'ensemble des distributeurs automatiques de la cafétéria de l'école et de proposer aux élèves des repas équilibrés. Au menu ? Fruits frais, pain complet et protéines naturelles. Exit les colorants, les conservateurs, les burgers et autres fritures ! Résultat : le comportement des jeunes a changé considérablement… Les violences se sont arrêtées et les étudiants ont repris le chemin de l'école en étant beaucoup plus disciplinés.

Pilier n° 3 : son hydratation

Votre enfant court, s'agite toute la journée, il a souvent chaud et transpire. Son corps est principalement constitué d'eau, et son besoin d'hydratation est fort. Pour lutter contre la chaleur, votre enfant transpire trois fois plus qu'un adulte en raison de la faible surface de sa peau. Il lui faut donc beaucoup de liquide pour compenser cette perte. Un apport en eau insuffisant peut provoquer chez votre enfant fatigue, troubles du sommeil, comme l'insomnie, maux de tête, douleurs musculaires, crampes… Cela n'est pas sans conséquences sur son humeur du jour ! Irritabilité, impatience et susceptibilité font leur apparition.

Les 5 réflexes pour une bonne hydratation

1. Choisissez avec lui une petite gourde qui lui plaise et remplissez-la chaque matin d'eau fraîche pour la mettre dans son cartable.
2. Choisissez avec lui un joli verre pour ses repas et remplissez-le d'eau au début de chaque repas. Sans même qu'il y fasse attention, il aura tendance à le boire durant vos discussions.

3. Après toute activité physique (pendant, même, c'est encore mieux), prévoyez pour lui une petite bouteille d'eau.
4. Placez une petite bouteille d'eau à côté de son lit et incitez-le à boire s'il a soif, même en pleine nuit ou à son réveil.
5. Montrez-lui l'exemple en buvant de l'eau devant lui plusieurs fois par jour !

Quand il a soif, de l'eau, rien que de l'eau !

Pour répondre à son besoin et combler sa soif, la meilleure solution est simple : lui donner de l'eau ! Et rien que de l'eau ! N'achetez plus de sodas, de boissons avec colorants, de boissons sucrées, de sirops... L'apport en sucres ne comble pas la soif, donc votre enfant aura tendance à réclamer encore à boire, alors que finalement son corps réclame une nouvelle dose de sucre et qu'il a toujours besoin d'eau. Pour donner tout de même un goût à son eau, vous pouvez y ajouter une rondelle de citron, une feuille de menthe ou un peu de jus de fruits bio 100 % fruits.

Pilier n° 4 : son activité physique

Médecins, éducateurs sportifs, psychologues, tous semblent d'accord sur le fait que l'activité physique et sportive constitue un facteur de développement pour votre enfant. Les bénéfices sont multiples : physiques d'abord, mais également psychologiques, intellectuels et émotionnels. Le sport joue un rôle très important dans la socialisation de votre bambin. Il contribue également à lutter contre le phénomène du tout-écran qui, dans notre société moderne, touche de plus en plus les enfants.

Les multiples bénéfices du sport

Votre enfant a avant tout besoin d'extérioriser son énergie : se sentir bien dans son corps et rechercher du plaisir, voilà ce qui est important pour lui, plus que la performance sportive elle-même. Si votre enfant est timide, l'activité physique peut l'aider à davantage s'extérioriser ; à l'inverse, s'il est plutôt énervé ou stressé, cela l'aidera à se calmer et à se détendre.

Les 5 bons réflexes pour son activité physique

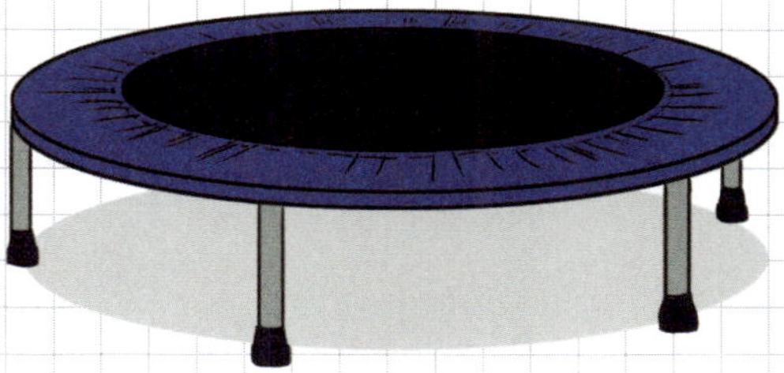

1. Favorisez l'activité physique de votre enfant dès le matin, cela stimulera sa production de cortisol (hormone de la vitalité) pour le début de la journée. Pour

cela, n'hésitez pas à commencer la journée par une petite séance de yoga tout en douceur (voir encadré).

2. Profitez d'ailleurs de la moindre occasion pour marcher avec votre enfant, que ce soit pour aller à la boulangerie, chez le médecin, à la poste ou au marché le dimanche matin ! Qu'il fasse froid ou mauvais temps, peu importe ! Couvrez-le bien et faites-lui prendre l'air même si ce n'est que pour aller poster une lettre.
3. Proposez toujours un temps durant lequel votre petite bouille peut bouger le soir après l'école, ce qui lui permet d'évacuer les éventuelles tensions physiques (dues à la position assise prolongée) et émotionnelles (stress de la journée, disputes, déceptions, frustrations, ennui...). À défaut d'une activité sportive en club (danse, tennis, foot, basket...), proposez-lui un petit tour au parc, une balade dans le quartier ou une petite demi-heure à jouer dans le jardin.
4. Spontanément, votre enfant a tendance à bouger en jouant : il saute, il roule, il court... Au lieu de le reprendre à la moindre occasion avec des « Chut ! Fais moins de bruit ! Calme-toi un peu », accordez-lui plutôt régulièrement de vrais moments de jeu ensemble, des moments de rire, de partage qui vous permettent à vous aussi de bouger un peu !
5. À l'approche de l'heure du repas du soir, commencez à ralentir le rythme de votre enfant avec des activités plus douces et calmes : moment idéal pour une petite séance d'étirements, de yoga pour enfant ou même simplement de respiration profonde.

Exercice de yoga pour enfant : la posture du lotus

Proposez à votre enfant de s'asseoir en tailleur en posant son pied droit au-dessus de son pied gauche, puis faites-lui imaginer qu'un long fil doré accroché au sommet de son crâne l'étire vers le ciel, redressant ainsi toute sa colonne vertébrale. Invitez-le à poser ses mains sur ses genoux et à écarter légèrement les épaules. Aidez-le à maintenir cette position (la position du demi-lotus) par exemple le temps de 10 respirations ou bien le temps d'une musique calme de son choix.
Proposez-lui ensuite de se mettre en tailleur et invitez-le à remonter ses pieds jusqu'au-dessus des cuisses, pour tenir ce qu'on appelle en yoga la position du lotus.

Pilier n° 5 : son amour pour ses proches

L'homme est un être social par excellence. Depuis sa naissance, votre bout d'chou a besoin de vous pour se nourrir, s'habiller, marcher, etc. Votre présence est indispensable au développement de sa maturité psychologique et physique, mais aussi au développement de sa maturité émotionnelle.

Le trouble du spectre autistique, ou l'absence d'ocytocine

Diverses études réalisées dans les années 1990 mettent en évidence qu'un manque ou l'absence d'ocytocine peut être un facteur déterminant dans le développement d'un trouble du spectre autistique (TSA), or les personnes souffrant de TSA ont des difficultés énormes à concevoir leur vie en société, au point parfois d'être incapables de parler, de regarder les autres dans les yeux ou d'avoir de l'empathie. L'un des symptômes communs à la majorité des personnes autistes est la quasi-absence de sourires et de rires. Suite à un traitement à l'ocytocine, les parents d'enfants autistes rapportent que leur enfant fait preuve d'une meilleure sensibilité sociale à la maison.

Nous savons que l'ocytocine (hormone de l'attachement, de l'amour et de la tendresse) joue un rôle actif dans l'attachement maternel, mais cette hormone intervient également dans les processus de socialisation, avec ses petits camarades par exemple. Le bonheur de votre bambin passe essentiellement par les liens qu'il noue avec les autres. Sans ces interactions, son bien-être serait mis à mal… Aussi, l'un des piliers fondamentaux de l'hygiène de vie de votre enfant et de son équilibre émotionnel est le lien social, reposant lui-même sur une production régulière d'ocytocine, donc sur l'amour qui vous unit.

Les 5 bons réflexes pour enrichir son amour pour ses proches

1. Chaque matin, dès le réveil, accordez quelques minutes à votre enfant pour le serrer dans vos bras et lui faire un bisou afin d'enclencher au plus vite la production d'un premier pic d'ocytocine, qui sera plus facilement activable ensuite dans sa journée.
2. De la même façon, accordez quelques minutes à votre enfant au retour de l'école pour discuter de sa journée et lui faire un nouveau câlin, qui lui apportera l'apaisement naturel de ses tensions de la journée via une nouvelle vague d'ocytocine.
3. Offrez-lui un nouvel instant de tendresse le soir, au moment du coucher, pour favoriser l'état de bien-être de votre enfant à l'heure du dodo, aussi favorable à la production de mélatonine (hormone du sommeil).
4. Profitez de chaque repas pour discuter avec votre enfant, sans télé ! Ce sont des occasions précieuses de réunir toute la famille autour d'une table, et donc favoriser des échanges complices qui participent à ce sentiment d'appartenance et d'amour qui unit une famille.
5. Accordez chaque week-end au moins un moment privilégié à votre enfant en tête à tête, juste pour partager avec lui un moment complice rien qu'à vous : une balade, un jeu de société, une séance de yoga ou de chatouilles…

SOS : besoins insatisfaits !

En ignorant ou en minimisant les émotions de votre enfant, vous ignorez ses besoins et il en payera les conséquences au niveau de sa vitalité. Physiquement, cela paraît plus simple à comprendre : votre enfant a besoin de boire pour survivre, donc il écoute sa soif et il boit aussi souvent que nécessaire, c'est une question de survie physique. C'est indiscutable. Concernant ses autres besoins, il s'agit de sa vitalité psychique.

Restez attentif à ses besoins…

- → Un besoin d'amour insatisfait peut aussi très vite le mettre en danger, et tout besoin trop peu comblé l'amène à devenir moins vivant dans le pilier de vie qui le concerne.
- → Si son besoin de reconnaissance n'est pas satisfait à l'école, votre enfant peut très vite abandonner son apprentissage, se couper de ses liens sociaux avec ses camarades, s'isoler, réduire son appétit, développer des symptômes comme des boutons ou des rougeurs, un signal d'alarme qui pourrait vouloir dire : « Regardez-moi, je suis là ! »

Soyez attentif aux émotions de votre enfant, et surtout aux besoins qui cherchent à s'exprimer derrière ces émotions.

Comment identifier le besoin insatisfait de votre enfant ?

Vous savez maintenant que la satisfaction de ses besoins est nécessaire à la vitalité de votre enfant. C'est par son effet sur sa vitalité et ses émotions que vous pouvez évaluer avec certitude l'importance d'un besoin. Plusieurs cas sont alors possibles, et vous permettent de valider votre bonne perception du besoin de votre enfant et votre réponse plus ou moins adéquate à ce besoin.

Étape 1 : observez

Besoins satisfaits	Besoins insatisfaits
Votre enfant mange bien et dort bien, il est en pleine forme la journée et s'endort facilement le soir. → **Besoins physiologiques satisfaits**	Votre enfant est souvent fatigué, il a du mal à s'endormir, il ne mange pas, il grignote par-ci par-là. → **Besoins physiologiques insatisfaits**
Il est souvent calme et serein, confiant, zen, et fait des rêves paisibles ; il aime quand le cadre est bien posé et respecte les règles avec plaisir. → **Besoin de sécurité satisfait**	Il est souvent inquiet, en stress, il sursaute facilement et fait souvent des cauchemars. Il voit des dangers partout et cherche beaucoup les limites. → **Besoin de sécurité insatisfait**

Besoins satisfaits	Besoins insatisfaits
Il vous dit souvent qu'il vous aime, il est sociable, a des amis, est ouvert aux autres, rit avec eux et fait facilement des câlins. ➔ **Besoin d'amour satisfait**	Il ne sait pas trop dire « je t'aime », il s'isole souvent, a des difficultés à rentrer en lien avec les autres. ➔ **Besoin d'amour insatisfait**
Il est fier de lui, de ses résultats à l'école, de ses créations artistiques ou de ses talents sportifs. Il aime qui il est et avance avec confiance en lui. ➔ **Besoin d'estime satisfait**	Il n'a pas conscience de sa valeur personnelle, il minimise ses résultats et manque de confiance en lui. Il n'aime pas vraiment qui il est. ➔ **Besoin d'estime insatisfait**
Il ose partager ses idées, ses avis, affirmer ses envies, car il se sent écouté, non jugé, encouragé et valorisé. ➔ **Besoin de reconnaissance satisfait**	Il cherche toujours les compliments, il veut être le premier, avoir de bonnes notes, mais il n'assume pas ses idées, ses avis, car il ne se sent pas reconnu pour ce qu'il est. ➔ **Besoin de reconnaissance insatisfait**
Il est poli, respectueux des règles, des heures, des bonnes manières, du partage équitable, et il ne coupe pas la parole aux autres. ➔ **Besoin de respect satisfait**	Il utilise un vocabulaire parfois vulgaire, interrompant des discussions, a du mal à prêter ses jouets, à partager ou à respecter des règles collectives. ➔ **Besoin de respect insatisfait**
Il aime aussi bien jouer ou faire ses devoirs avec les autres que seul, et sait exprimer ce qu'il aime ou non et ce qu'il veut faire ou non. ➔ **Besoin d'autonomie satisfait**	Il a du mal à jouer ou à faire ses devoirs tout seul, il a toujours besoin des autres pour le rassurer, l'encourager, sinon il se sent abandonné. ➔ **Besoin d'autonomie insatisfait**
Il a des amis fidèles, aime jouer à des jeux d'équipe et faire partie de sa famille. ➔ **Besoin d'appartenance satisfait**	Il n'a pas vraiment d'amis, il s'isole facilement, s'ennuie parfois et se plaint de se sentir seul ou rejeté par les autres. ➔ **Besoin d'appartenance insatisfait**
Il joue à des jeux imaginaires, crée des œuvres, des jeux de rôles, des projets, seul ou en groupe, il aime s'investir, créer et passer à l'action. ➔ **Besoin d'accomplissement satisfait**	Il s'ennuie souvent, regarde la télé, joue à sa tablette, manque de motivation pour s'investir dans des projets créatifs ou collectifs. ➔ **Besoin d'accomplissement insatisfait**
Il aime observer, découvrir, expérimenter, tester de nouvelles choses ; il aime aller à l'école, regarder des reportages et faire des recherches pour des exposés. ➔ **Besoin d'apprendre satisfait**	Il s'ennuie à l'école, n'aime pas forcément faire ses devoirs, visiter un musée ou regarder un reportage à la télé ; il a l'impression que tout ça ne sert à rien et il n'y voit pas d'intérêt. ➔ **Besoin d'apprendre insatisfait**
Il s'amuse de tout et rigole facilement ; sa créativité lui permet de jouer avec un rien, seul ou avec les autres, il aime se défouler en s'amusant. ➔ **Besoin de jouer satisfait**	Il ne sait jamais trop quoi faire, alors finit souvent devant la télé, sur sa tablette ou sa console, mais, même là, il ne semble pas forcément s'amuser. ➔ **Besoin de jouer insatisfait**

Besoins satisfaits	Besoins insatisfaits
Il aime les rituels, les petites habitudes, les repères dans le temps, aller régulièrement dans les mêmes endroits, manger et se coucher à des heures précises. Cette routine le rassure et lui plaît beaucoup. ➔ **Besoin de stabilité satisfait**	Pas facile pour lui de respecter des horaires ; il vit à l'instant présent, n'a pas vraiment d'habitudes régulières, chaque jour est un nouveau jour, mais parfois il s'y perd un peu, s'éparpille ou s'épuise. ➔ **Besoin de stabilité insatisfait**
Il aime tester de nouvelles choses régulièrement, changer ses habitudes, déplacer les affaires dans sa chambre, changer souvent sa déco ou sa coupe de cheveux, son style de vêtements. ➔ **Besoin de variété satisfait**	Il semble tourner en rond dans une routine ou une vie qui manque un peu de « vie » ! Il s'ennuie souvent et, parfois, il peut lui arriver de faire des crises, a priori sans raison. ➔ **Besoin de variété insatisfait**
Il aime et a besoin de partager ses joies et ses peines, ses pensées, ses idées, ses questions, ses réflexions, ses journées, ses réalisations… et il s'intéresse aussi aux joies, aux peines et aux réflexions des autres avec plaisir et sincérité. ➔ **Besoin de communiquer satisfait**	Soit il n'entre presque pas en lien avec les autres, il reste souvent seul ou silencieux, même en groupe, soit au contraire il monopolise toujours la parole, parle beaucoup en monologue, mais sans écouter les autres en retour… ➔ **Besoin de communiquer insatisfait**
Il aime prendre l'air, jouer dehors, se balader, faire du sport en extérieur, mais aussi faire des sorties diverses et variées, pour sortir un peu de son cadre habituel et y revenir avec toujours plus de plaisir ensuite. Il aime son chez-lui, sa maison et sa chambre, mais il aime partir à la découverte du monde extérieur. ➔ **Besoin de sortir satisfait**	Il passe son temps dans sa chambre ou sur le canapé ; sortir de la maison semble être un effort surhumain pour lui ! Ou alors, au contraire, il réclame toujours à sortir, mais n'en a pas vraiment l'opportunité souvent et finit par faire des crises à la maison pour tout et n'importe quoi… ➔ **Besoin de sortir insatisfait**
Il a souvent l'occasion de faire du sport, de bouger, de sauter, de grimper aux arbres ou de courir ; même quand il n'en a pas l'occasion, il trouve le moyen de bouger, de danser, de s'amuser dès qu'il en ressent le besoin, tout en respectant ses limites et en se reposant dès qu'il en ressent la nécessité. ➔ **Besoin de bouger satisfait**	C'est une boule d'énergie qui semble souvent à deux doigts d'exploser ou d'imploser, selon les fois. Il perd souvent le contrôle de ses émotions, de ses gestes ; il peut ainsi être agressif, voire violent, sans forcément de raison valable. Il alterne des pics d'énergie et des moments de fatigue et d'épuisement total. ➔ **Besoin de bouger insatisfait**

Étape 2 : testez

Une réponse adéquate à un besoin réel augmente toujours sa vitalité.

Si vous identifiez bien le besoin de votre enfant et si vous trouvez un bon moyen de le satisfaire, vous constaterez rapidement un nouvel élan de vitalité de sa part, un apaisement de ses émotions les moins agréables, un retour à un équilibre émotionnel sain, agréable et vivant !

Exemple : votre enfant a des difficultés à s'endormir le soir et qu'il fait des cauchemars la nuit. En discutant avec lui, vous découvrez qu'il semble avoir peur le soir quand il est seul dans sa chambre dans le noir. Son besoin de sécurité ne semble pas suffisamment satisfait. Après lui avoir demandé comment il pourrait se sentir mieux pour s'endormir, vous allez acheter ensemble une petite veilleuse et, rapidement, vous constatez que votre enfant s'endort plus paisiblement et dort vraiment mieux. Bravo ! Vous avez trouvé la solution adéquate à son besoin réel.

Une réponse inadéquate à un besoin réel n'augmente pas sa vitalité.

Si vous tentez une solution pour répondre à un besoin que vous pensez avoir identifié chez votre petit et que vous ne constatez pas un nouvel élan de vitalité, c'est que cette dernière n'est sans doute pas la plus adaptée… Cherchez alors d'autres moyens de satisfaire ce besoin !

Exemple : vous avez opté pour la petite veilleuse, mais votre enfant ne semble toujours pas assez rassuré pour s'endormir paisiblement, et les cauchemars continuent. Vous avez pour le moment trouvé une réponse inadaptée, mais son besoin est pourtant toujours réel. Proposez-lui alors plusieurs autres solutions : laisser la porte de sa chambre ouverte, lui lire un livre dans son lit avant d'éteindre la lumière, fermer la porte d'entrée à clé chaque soir ensemble avant d'aller se coucher… Testez les réponses une à une, jusqu'à ce que vous trouviez la réponse adéquate à son besoin.

Une réponse adéquate à un faux besoin n'augmente pas sa vitalité.

Vous testez une solution pour satisfaire le besoin que vous avez identifié chez votre enfant, puis une autre solution et encore une autre, mais vous ne constatez aucun effet sur sa vitalité. Vous n'avez sans doute pas identifié encore le besoin réel, qui est toujours insatisfait. Cherchez alors quel autre besoin pourrait ne pas être comblé actuellement chez votre enfant.

Exemple : vous avez testé la veilleuse, la porte ouverte, la lecture du soir, le rituel de fermeture de la porte à clé ensemble le soir, mais rien ne change… Les nuits de votre enfant sont toujours agitées ! Vous n'avez peut-être pas encore identifié son besoin réel. Faites alors le test p. 33 pour identifier les différents besoins qui pourraient ne pas être satisfaits chez votre enfant. Il se trouve alors que vous comprenez que ses besoins physiologiques ne sont pas satisfaits : ses insomnies et ses cauchemars viennent peut-être finalement d'un régime alimentaire inapproprié : trop de sucres le soir, un dîner trop lourd ou trop tardif nécessitant un effort de digestion qui retarde l'endormissement et perturbe ainsi son sommeil…

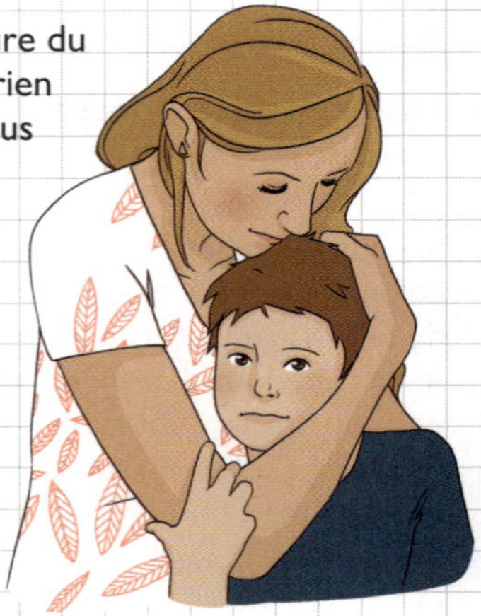

Une réponse excessive à un besoin peut entraîner une réaction de répulsion.

Vous pensez avoir identifié un besoin chez votre enfant et tentez de le satisfaire avec une solution qui semble déranger votre bambin. Il a une réaction de répulsion, de rejet face à cette solution. Vous répondez sans doute à un besoin qui est déjà comblé ; lorsqu'il y a cette réaction de répulsion, c'est que le besoin est même surcomblé ! Vous pouvez donc simplement continuer à vivre joyeusement avec votre enfant, sans forcément chercher toujours à résoudre des problèmes qu'il n'a peut-être même pas !

Exemple : vous avez testé la veilleuse, et votre enfant semble maintenant bien s'endormir. Dans le doute, avec plein de bonne volonté, vous décidez d'installer une alarme de sécurité dans la maison, vous lui répétez sans arrêt qu'il n'a rien à craindre, vous restez près de lui jusqu'à ce qu'il s'endorme ou finissez même par lui proposer de venir dormir à vos côtés dans votre lit. Pourtant, maintenant que le besoin de votre enfant est satisfait avec la veilleuse, toutes ces nouvelles réactions de votre part ne sont plus les bienvenues pour votre enfant, qui peut même en venir à vous repousser le soir car il se sent alors étouffé. N'oubliez pas aussi son besoin d'autonomie !

Étape 3 : variez les plaisirs !

Il n'y a pas une seule solution pour répondre à un besoin : par exemple, si votre petit bout a actuellement besoin d'amour, lui exprimer votre amour par un « Je t'aime » n'est qu'un moyen de combler son besoin. Il existe de nombreux autres moyens de lui montrer que vous l'aimez et de satisfaire ainsi son besoin : des gestes tendres, des câlins, des attentions, des petits mots écrits, le dessin d'un cœur, votre sourire, votre regard, votre écoute, le fait de rire avec lui, de passer du temps avec lui, de lui exprimer à quel point vous aimez passer du temps avec lui, etc.

Faire preuve de créativité...

Soyez simple et créatif pour répondre aux besoins de votre enfant !

Une fois que vous avez identifié un ou plusieurs besoins insatisfaits chez votre enfant, commencez par y répondre de la façon la plus simple et évidente a priori (besoin de sortir → sortez-le ; besoin de bouger → faites-lui faire du sport ; besoin de stabilité → mettez en place des rituels ; besoin de jouer → jouez avec lui, etc.). Vous le verrez néanmoins, les solutions les plus simples fonctionnent un temps, puis il va falloir faire preuve de créativité pour répondre à son besoin de variété aussi, en changeant régulièrement votre façon de l'aider à répondre à ses besoins.

3 façons de répondre à un besoin insatisfait de reconnaissance

Après avoir fait le test d'identification des besoins de votre enfant, vous constatez que le besoin de reconnaissance est l'un des besoins les moins satisfaits actuellement chez lui : il cherche toujours les compliments, il veut être le premier, avoir de bonnes notes, mais n'assume pas ses idées, ses avis, il semble ne pas se sentir reconnu pour ce qu'il est.

Voici 3 moyens de satisfaire ce même besoin...

→ **action simple :** exprimez-lui régulièrement votre fierté vis-à-vis de ce qu'il fait, mais surtout de ce qu'il est : « Je suis fier de toi, mon fils, tu es un garçon vraiment généreux (créatif, gentil...) ! »

→ **action créative :** créez avec votre enfant sa liste de rêves en listant avec lui tout ce qu'il aimerait avoir comme jouets, livres ou peluches, tout ce qu'il aimerait faire avec vous, tous les endroits où il rêverait d'aller... Prenez tout cela en notes vous-même, en étant bien attentif et en ne mettant aucune limite, mais en lui expliquant que vous allez prendre en compte ses demandes et que, en fonction de ce qui est possible, vous ferez de votre mieux pour réaliser ses rêves petit à petit.

→ **action audacieuse :** confiez-lui de petites responsabilités qui lui donneront le sentiment d'être utile et important, à vos yeux, pour vous et pour la famille. Montrez-lui que vous lui faites confiance ! Selon son âge, vous pouvez lui confier la responsabilité de nourrir le chat, d'entretenir une plante ou de lancer le lave-vaisselle chaque soir. Pensez à bien le remercier et le féliciter régulièrement pour ces différentes missions une fois qu'elles sont accomplies, et bien sûr n'hésitez pas à l'aider si besoin est, il reste tout de même sous votre responsabilité.

Idée reçue : trop de câlins tuent le câlin?

Se sentir aimé totalement et inconditionnellement est un besoin vital pour votre petit. Les moments de tendresse que vous partagez, via des câlins, des caresses, développent sa confiance en lui et son autonomie ! Qui plus est, votre présence rassurante et bienveillante permet la maturation de ses circuits neuronaux pour qu'il puisse exprimer, à son rythme, ses émotions.

Si votre bambin ressent de la peine (colère, fatigue, stress), n'hésitez pas à lui proposer un instant de câlin. Cela lui permettra non seulement de se sentir rassuré, mais aussi de développer son empathie envers les autres quand ils traversent, à leur tour, des moments de tristesse. Donc, n'hésitez pas : usez et abusez des câlins, car c'est à travers eux que votre petit se construit et s'épanouit…

Chapitre 3

Mes programmes anti-crise !

Mon point de départ

Aujourd'hui, si vous deviez évaluer votre niveau de compétence à aider votre enfant à gérer ses émotions, en étant vraiment sincère avec vous-même, à combien serait-il sur une échelle de 1 à 10 ?

1	2	3	4	5	6	7	8	9	10
☐	☐	☐	☐	☐	☐	☐	☐	☐	☐

Quel que soit votre résultat, déjà bravo à vous ! En prenant ce cahier en mains et en vous lançant dans ces petits programmes de coaching, vous prouvez déjà à quel point votre enfant a de la chance d'avoir un parent aussi motivé pour lui donner les meilleures clés pour profiter sereinement de son enfance et devenir ensuite un adulte confiant, zen, bienveillant et épanoui !
Maintenant, pour commencer, choisissez le **programme anti-crise** le plus adapté selon vous à votre besoin du moment…

- Programme anti-crise de colère : p. 41
- Programme anti-crise de stress : p. 47
- Programme anti-crise d'angoisse : p. 52
- Programme anti-crise de jalousie : p. 56

N'hésitez pas à tester un deuxième programme anti-crise, voire un troisième, et pourquoi pas le quatrième. Chacun peut vous apporter de nouvelles clés, complémentaires, d'éducation positive.
Surtout, prenez ensuite le temps d'offrir à votre enfant l'opportunité de cultiver ses plus belles émotions en suivant aussi un à un les **4 programmes boosters d'émotions positives** !

→ Programme booster de joie et d'enthousiasme : p. 66

→ Programme booster d'amour et de tendresse : p. 71

→ Programme booster d'émerveillement et de gratitude : p. 76

→ Programme booster de confiance en soi et d'estime de soi : p. 83

Faites toujours de votre mieux, n'hésitez pas à adapter les techniques proposées à votre situation familiale et, surtout, veillez à toujours y prendre le plus de plaisir possible !
Bon coaching !

Des crises, oui, mais juste ce qu'il faut !

Avant tout, rassurez-vous : les crises de colère, de stress, d'angoisse ou de jalousie font partie du développement normal de votre enfant, et non ! ce ne sont pas des caprices ! Il n'est pas possible d'empêcher toutes ses crises, mais avec quelques clés d'éducation positive, vous pouvez aider votre enfant à en diminuer considérablement la fréquence et l'intensité.
Gardez en tête que ces émotions expriment avant tout un manque, une frustration ou une blessure, et qu'elles méritent donc toute votre attention ! Elles sont porteuses d'un message sur l'état émotionnel général de votre enfant et sur ses besoins.

Deux formes de crises

Que les crises soient de quelques minutes ou de quelques heures, certains enfants vont avoir tendance à en faire plus que d'autres, c'est aussi une question de caractère. On distingue en particulier deux formes de crises émotionnelles…

1. La crise ponctuelle, dans certaines situations

Aucun être humain n'est dépourvu d'émotions, et il est tout à fait naturel que votre enfant se sente en colère face à une injustice, stressé avant son premier spectacle sur scène, angoissé quand un orage éclate en pleine nuit ou jaloux quand ses parents portent soudain plus attention à son petit frère qu'à lui. Ce que vous devez surtout observer dans ces petits moments de crise, c'est l'intensité de son émotion : il y a une différence entre un petit stress avant un contrôle et une crise d'anxiété qui, la veille au soir de ce contrôle, va empêcher votre enfant de passer une bonne nuit.

2. Les crises à répétition en fonction du tempérament de l'enfant

Selon son caractère et sa sensibilité, votre enfant a plus ou moins naturellement tendance à réagir vivement à toutes sortes de situations dans son quotidien. S'il est plutôt **réactif** (d'après le test de profil émotionnel, voir p. 4), le moindre bruit suspect l'angoissera davantage que s'il est plutôt **stable.** S'il a un tempérament **nerveux,** il se mettra plus souvent en colère que si son tempérament est **joyeux.**

Votre rôle ? Aider votre enfant à réguler ses émotions en mettant en place des rituels et en adoptant un comportement éducatif visant à réduire la fréquence et l'intensité de ses petits chagrins.

Mon programme anti-crise de colère !

Qu'est-ce que la colère ?

La colère est une émotion liée à une frustration. Votre bambin éprouve de la colère envers l'obstacle à sa satisfaction : contre vous ou une autre personne (si vous avez refusé de répondre à une de ses demandes, par exemple), contre une situation (perte de son doudou, divorce de ses parents…), ou même contre lui-même (par culpabilité ou honte, en cas de situation vécue comme un échec…).

Rappelez-vous que sa colère exprime avant tout un manque, une frustration ou une blessure dans son ego, et qu'elle mérite d'être reconnue comme une émotion légitime. Attention, cela ne signifie pas pour autant qu'il faut accepter les comportements violents qui l'accompagnent parfois (taper, insulter, casser des choses…).

Quelles peuvent être les sources de colère de votre enfant ?

- Il est très fatigué (besoin de dormir).
- Il recherche l'attention de ses parents (besoin de reconnaissance, d'amour…).
- Il se rebelle contre une autorité trop forte (besoin d'autonomie, de liberté…).
- Il ne peut pas ou ne parvient pas à faire ce qu'il veut (besoin de contrôle).
- Il n'arrive pas à se faire comprendre (besoin de compréhension, de clarté).
- Il est obligé de faire des choses qui lui déplaisent (besoin de plaisir).
- Il a accumulé plusieurs événements difficiles (besoin de lâcher prise).
- Il se révolte contre une situation qu'il considère comme injuste (besoin de justice, d'équité…).
- Il traverse une période difficile émotionnellement : séparation, divorce, déménagement… (besoin de stabilité, de sécurité).

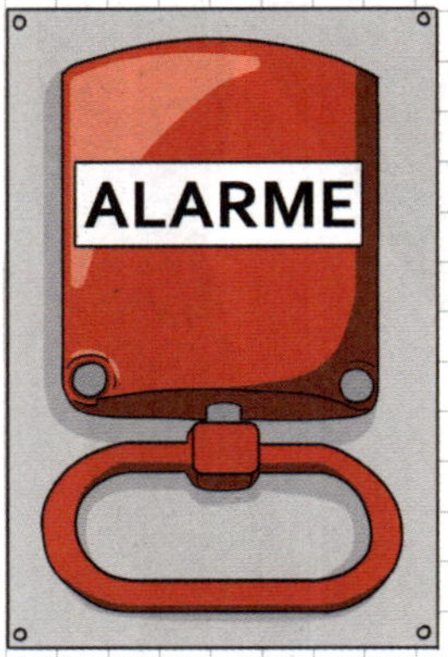

Que se passe-t-il alors en lui ?

Lorsqu'il s'énerve, tout un processus physique se met en marche : ses pulsations cardiaques, sa tension artérielle et sa production de testostérone (hormone masculine associée à la domination et à l'agressivité) augmentent, son taux de cortisol (l'hormone de la vitalité, mais aussi du stress) diminue et l'hémisphère gauche de son cerveau est plus stimulé.

Résultat : il peut ressentir comme une boule au ventre, sa respiration s'accélère et il devient tout rouge. Il se sent comme une cocotte-minute qui lâche la pression d'un seul coup, et ne contrôle alors plus totalement ni ses mots ni ses gestes : il a alors tendance à parler plus fort et plus vite, à crier, à dire des choses parfois incohérentes, et peut même en arriver à manquer de respect, à être vulgaire ou violent.

Et après ?

Dans la majorité des cas, une fois la colère retombée, votre enfant regrette très rapidement son comportement et se sent coupable. Il n'est pas fier de lui et s'en veut en particulier de vous avoir énervé et déçu, mais ne sait pas non plus comment exprimer cette culpabilité, qu'il enfouit alors en lui.

Parfois, sa colère retombe, mais il n'oublie pas ce qui l'a mis en colère. Il peut alors développer une forme de rancune qu'il garde en lui, bien enfouie dans un coin de sa tête.

Culpabilité ou rancune, si l'émotion n'est pas identifiée, reconnue et apaisée, elle cherche coûte que coûte à s'exprimer et peut être à l'origine d'un mal-être inexplicable de votre enfant, voire de symptômes psychosomatiques.

Petit guide du parent bienveillant face à la crise de colère

Ce que vous pouvez faire…

- Vous rendre disponible et à l'écoute chaque jour pour votre enfant.
- Rappeler régulièrement les règles et les limites avec calme et patience.
- Expliquer les raisons de vos refus avec calme et complicité.
- Garder vous-même votre calme quoi qu'il arrive.
- En cas de crise de colère, commencer par le calmer.
- Assurer avant tout la sécurité de votre enfant et de celle d'autrui.
- Ne lui parler qu'une fois qu'il est plus calme.
- Reconnaître son émotion (*Tu as l'air en colère, je vois que tu es énervé…*).
- L'aider à mettre des mots sur ce qu'il ressent (ses émotions, ses besoins…).

À ne pas faire…

→ Trop le solliciter quand il est vraiment fatigué.

→ Crier plus fort que lui ou lui crier dessus.

→ Le punir sans réfléchir ni discuter à la moindre colère.

→ L'insulter ou employer un vocabulaire vulgaire.

→ L'accuser d'être responsable de votre propre colère.

→ Le culpabiliser avec des phrases comme « Voilà, à cause de toi… ».

→ Interpréter sa colère comme un caprice.

→ Minimiser ou banaliser son ressenti (*Ce n'est rien, tu t'énerves pour rien*).

→ Généraliser son comportement à son tempérament (*Tu es vraiment insupportable*).

→ Lui donner une claque ou une fessée.

→ Céder à sa colère et lui donner ce qu'il demande.

La boîte à outils anti-colère

En prévision de ces moments de crise de colère, voici quelques activités ludiques et pratiques à proposer à votre enfant…

L'échelle de la colère

Fabriquez avec votre enfant une échelle représentant le niveau d'intensité d'une colère, illustrée de smileys du mécontent au très énervé. En voici un exemple, mais libre à vous d'ajouter des smileys ou d'en choisir d'autres, sur Internet par exemple, que vous imprimerez et découperez ; vous pouvez aussi inviter votre enfant à les dessiner lui-même.

La roue des solutions anti-colère

Réalisez avec votre enfant une roue des solutions anti-colère, un outil visuel et créatif qui propose de façon ludique différentes solutions pour se calmer quand une colère se présente ou une fois la colère passée. En voici un exemple, mais libre à vous d'ajouter d'autres solutions.

Taper dans un coussin de la colère.

Crier dans une boîte à cris.

Pleurer dans son doudou.

Écouter une musique apaisante.

Faire un exercice de méditation pour enfants.

Faire un exercice de respiration ludique.

Faire un gros câlin.

Aller marcher ou courir.

La bulle anti-colère

Voici une petite technique à apprendre à votre bambin pour l'aider à canaliser une colère naissante. Entraînez-vous ensemble à pratiquer cette astuce au calme, afin qu'il puisse y avoir recours plus facilement à l'approche d'une prochaine crise. Voici les étapes à lui apprendre…

1. Je sens que je commence à m'énerver.
2. Je ferme les yeux.
3. Je prends 3 grandes respirations en gonflant bien mon ventre à chaque fois.
4. J'imagine qu'une grande bulle vient m'entourer. J'imagine que cette bulle change doucement de couleur, comme un arc-en-ciel : elle est plutôt rouge au départ, comme ma colère, puis orange, comme un bon jus de fruit vitaminé, puis jaune, comme les rayons du soleil, puis verte, comme la pelouse fraîchement coupée, puis indigo, comme l'eau de la mer dans une île paradisiaque, puis bleue, comme le ciel en plein été, et enfin violette, comme une jolie fleur de printemps…
5. Je reprends 3 grandes respirations.
6. Je rouvre mes yeux.

La respiration ludique

Ce petit exercice est à tester avec votre enfant au calme, là encore pour qu'il puisse y avoir recours en cas de besoin pour s'apaiser à l'approche d'une crise de colère ou à sa suite. Voici les étapes à lui apprendre…

1. Je me redresse, comme si j'avais un fil au-dessus de la tête qui me tirait vers le ciel.
2. J'imagine de gros nuages devant moi et je souffle fort 3 fois pour les repousser loin de moi.
3. J'imagine que j'ai un ballon de baudruche et je souffle fort 3 fois pour le gonfler.
4. J'imagine que j'ai un chocolat chaud dans un bol et je souffle 3 fois dessus pour le refroidir.
5. J'imagine que j'ai une bougie dans les mains et je souffle 3 fois sur la flamme pour la faire bouger, mais sans l'éteindre.

Le petit coin de retour au calme

Parce qu'il n'est pas si simple d'éviter toute forme de colère chez votre petit, anticipez la gestion d'une crise en créant avec lui son petit coin de retour au calme. Pour cela, vous aurez besoin de peu de choses…

1. Un coussin de la colère, dans lequel il pourra taper ou crier si besoin est.
2. Un plaid sous lequel se cacher.
3. Une peluche à câliner.
4. Une musique douce, à écouter pour se calmer.
5. Une photo qui l'aide à s'apaiser.
6. Des feutres et un carnet pour exprimer sa colère sous forme de dessins.

En cas d'énervement, vous pourrez inviter votre petit à se rendre dans ce petit coin « spécial colère » pour qu'il retrouve son calme. Il aura ainsi le sentiment d'être reconnu dans sa colère et pourra se calmer en s'isolant, sans se sentir ni puni ni exclu.

Mon programme anti-crise de stress

Qu'est-ce que le stress ?

Le stress, qui est considéré comme l'un des plus grands fléaux de notre époque, touche désormais autant les adultes que les enfants. Le stress des parents se transmet à leurs enfants et, inversement, le stress des enfants se transmet à leurs parents. C'est certes un cercle vicieux, mais cela reste pourtant une émotion naturelle et saine tant qu'elle n'est pas excessive, et elle doit être reconnue et accueillie pour éviter d'en arriver à de l'anxiété ou de l'angoisse.

Un signal d'alarme...

Le stress est un signal d'alarme que donne l'organisme face à de trop grandes sollicitations intérieures ou extérieures. C'est un état que votre enfant ressent lorsqu'il en fait trop, qu'il en demande trop à son corps ou à son esprit. Il exprime en général un besoin insatisfait de stabilité, de sécurité ou de confiance. Votre enfant a avant tout besoin d'être rassuré, de gagner en confiance et en sérénité.

Quelles peuvent être les sources de stress de votre enfant ?

- Le stress de ses propres parents...
- L'arrivée d'un petit frère ou d'une petite sœur, et la peur de l'inconnu qui l'accompagne.
- L'annonce d'un déménagement ou d'un changement d'école...
- L'approche d'un contrôle, d'un concours sportif, d'une présentation orale...
- Le changement soudain de comportement d'un proche (la grosse voix des parents quand ils s'énervent...).
- L'approche des vacances en colonie, en centre de loisirs, en stage avec des inconnus...
- L'approche du moment des devoirs s'il n'a pas compris sa leçon...
- L'approche du moment du bain, s'il a peur de l'eau...
- L'approche d'un cours de sport, s'il se sent nul dans ce sport...
- Les grandes sources de bruit ou, au contraire, les grands moments de silence...
- De façon générale, l'incertitude de ce qui va arriver...
- La peur de déplaire ou de décevoir ses parents, son enseignant ou ses amis.
- Un excès d'activité, un planning trop chargé.
- Des événements violents ou inquiétants qu'il a vus à la télé ou sur Internet.

Que se passe-t-il alors en lui ?

Lorsque votre enfant est stressé, son petit cœur bat un peu plus vite, sa pression artérielle augmente et deux étapes se succèdent au niveau hormonal : un pic d'adrénaline (hormone de l'excitation) lui donne d'abord de l'énergie, l'aide à passer à l'action et à être plus efficace, puis rapidement un pic de cortisol (hormone du stress) vient pour calmer le jeu.

Si la situation de stress perdure, la sécrétion répétée et durable de ces deux hormones peut alors poser problème à votre enfant. L'excès d'adrénaline provoque l'angoisse ou la colère, le corps entre en hypervigilance pour être prêt à tout moment à attaquer, à fuir ou à se replier, tandis que l'excès de cortisol induit une forme de tristesse, de découragement ou d'angoisse, voire un sentiment d'insécurité. Résultat ? Votre enfant se sent menacé et sa peur vient poser comme un voile sur ses pensées, ses émotions, limitant sa capacité à agir, transformant la moindre difficulté en un immense obstacle.

Et après ?

Tous ces bouleversements hormonaux ne sont pas sans conséquences sur le corps de votre petit. L'hyperactivité de son organisme entraîne déjà une baisse de l'attention et de la concentration, et donc souvent des difficultés scolaires. Le tout peut s'accompagner de palpitations, de pâleur ou au contraire de rougeur, de sensations de vertige, de tremblements ou d'étouffements. Ces symptômes provoquent souvent aussi des tensions corporelles, entraînant parfois des douleurs physiques, des crampes, des contractures ou des torticolis. S'il est trop contenu, le stress cherche à s'exprimer de toute part, provoquant alors des troubles du sommeil ou de l'appétit, des problèmes de peau (boutons de fièvre, rougeurs, eczéma, herpès, verrues) ou amenant votre enfant à se ronger les ongles.

Quand le stress retombe…

Une fois le stress retombé (après le contrôle, le déménagement ou au retour des vacances), tout le corps de votre enfant se relâche, ce qui laisse place à une grande fatigue et même parfois à des larmes de soulagement. Le maintien de l'état de stress demande en effet beaucoup d'énergie en continu. Aidez votre enfant à se reposer et à se ressourcer pour récupérer son énergie et sa vitalité.

Soyez vigilant : les symptômes liés au stress laissent souvent des séquelles, et votre bambin se sent alors parfois honteux ou complexé de ses problèmes de peau ou de ses ongles rongés. Le regard des autres peut alors provoquer chez lui une nouvelle forme de stress…

Petit guide du parent bienveillant face à la crise

Ce que vous pouvez faire…

- Observer régulièrement les réactions, le corps et le comportement de votre enfant.
- L'encourager régulièrement à exprimer ses émotions et ses ressentis physiques.
- Lui offrir un cadre rassurant avec des règles et des limites clairement définies.
- Le rassurer régulièrement en lui rappelant que vous l'aimez ou avec des gestes tendres.
- Lui proposer régulièrement des balades en pleine nature pour se ressourcer.
- L'encourager régulièrement dans ses actions, ses résultats et ses décisions.
- Le féliciter régulièrement sur ses réussites, ses succès, son évolution et ses progrès.
- Prendre du temps pour jouer et rire avec lui.
- Apprendre à gérer votre propre stress.

À ne pas faire…

- Menacer sans arrêt votre enfant de lui donner des punitions.
- Lui faire peur par des cris ou des gestes violents.
- Lui mettre la pression sur ses résultats scolaires ou sportifs.
- Le comparer sans arrêt aux autres.
- Être constamment sur son dos pour ses devoirs, son bain ou le rangement de sa chambre.
- Lui dire sans arrêt de se dépêcher.
- Minimiser ou banaliser son ressenti : « Ce n'est rien, tu t'inquiètes pour rien. »
- Le culpabiliser avec des phrases comme : « Je te l'avais dit… »
- L'humilier avec des étiquettes comme : « Tu es vraiment un bébé ! »
- L'accuser d'être responsable de votre propre stress.
- Interpréter son stress comme de la comédie.

La boîte à outils anti-stress

En prévision de ces crises de stress, voici quelques activités ludiques et pratiques à proposer à votre enfant.

La sophrologie ludique

Prenez au moins 5 minutes pour tester avec votre enfant une petite séance de sophro-relaxation ludique. Pour cela, installez-vous côte à côte, debout, les pieds bien ancrés au sol, et redressez-vous en étirant la colonne vertébrale.

Étape 1 : tout en inspirant, contractez le plus possible chaque partie de votre corps durant 5 secondes, des orteils au visage en passant par les poings, les épaules, les abdominaux et les fesses.

Étape 2 : en expirant au maximum, relâchez d'un seul coup tous vos muscles.

Étape 3 : respirez tranquillement les yeux fermés durant 2 minutes en observant vos sensations dans votre corps.

Étape 4 : recommencez 3 fois d'affilée et terminez par un petit câlin !

Passer du temps dans la nature

Face à la nature, votre enfant s'ouvre à quelque chose de grand, ses petits tracas quotidiens paraissent beaucoup moins importants et, à l'air frais, il respire aussi plus profondément. Invitez-le à entrer encore plus en contact avec son environnement naturel (parc, forêt, jardin…), en marchant pieds nus, en se roulant dans l'herbe ou en faisant un câlin à un arbre. Proposez-lui ensuite de fermer les yeux et d'observer comment il sent à ce moment-là. Il en sortira ressourcé, apaisé et peut-être même empli de gratitude envers la nature !

La méditation guidée anti-stress

La méditation est une technique très efficace pour apaiser le stress. Prenez au moins 5 minutes pour tester avec votre enfant une méditation guidée. Sur Internet ou avec certaines applications de Smartphone, vous trouverez de courtes séances de méditation pour enfants ; choisissez-en une adaptée à l'âge du vôtre et profitez-en ensemble.

Le yoga ludique

1. Installez-vous avec votre enfant, en tenue confortable et souple, sur une moquette, un tapis de yoga ou même à l'extérieur.
2. Mettez-vous debout, pieds légèrement écartés et bien ancrés au sol.
3. Prenez une profonde inspiration en levant les bras devant vous.
4. Comptez ensemble jusqu'à 4 en retenant votre respiration, bras toujours en l'air.
5. Expirez progressivement en abaissant vos bras.
6. Comptez ensemble jusqu'à 4 en retenant votre respiration, bras totalement relâchés.
7. Choisissez une posture d'animal et tenez-la pendant 3 temps de respiration.
8. Choisissez une deuxième posture d'animal et tenez-la à nouveau pendant 3 temps de respiration.
9. Revenez enfin à la position de départ, pieds légèrement écartés.
10. Terminez la séance en joignant vos mains comme pour faire une prière et remerciez-vous en disant *namasté*.

Top 3 des applis gratuites de méditation pour enfants

Pour tester gratuitement, des applis proposent des playlists audio ou des vidéos de méditation spécialement pour enfants. À écouter avec votre enfant sur votre Smartphone pour l'aider à calmer son stress. Sur Android et sur iPhone : Namatata, Petit Bambou et Zenfie Kids / ZenFie Junior.

Voici quelques exemples de postures de yoga d'animaux…

- La posture du chien tête en bas : les mains et les pieds par terre, relevez les fesses le plus haut possible en formant un V avec votre dos droit et vos jambes tendues.
- La posture du chat : à quatre pattes, arrondissez le dos le plus haut possible.
- La posture de la grenouille : accroupissez-vous et posez vos mains à plat entre vos pieds.
- La posture de la tortue : mettez-vous en tailleur en collant les pieds, talon contre talon, puis glissez vos mains et vos avant-bras sous vos mollets pour tenir vos pieds par-dessous, rentrez la tête et courbez le dos en descendant le menton vers la poitrine.

Les mandalas

Le coloriage a un effet apaisant, c'est bien connu. Les mandalas anti-stress sont des dessins à colorier qui, dans les traditions indiennes et tibétaines, représentent l'univers tout entier. Très vite, des milliers de mandalas ont vu le jour comme outils anti-stress, en particulier des mandalas spécialement créés pour les enfants. En proposant à votre enfant une séance de coloriage de mandala, vous l'aiderez à se recentrer et à s'apaiser.

Cohérence cardiaque

Une autre technique de respiration profonde a été testée et validée comme très efficace pour apaiser le stress : la cohérence cardiaque. Il s'agit de suivre un rythme précis et régulier de respiration. Pour vous guider, vous trouverez sur Internet des vidéos d'accompagnement de séances de cohérence cardiaque pour enfants. Amusez-vous ensemble, avec votre enfant, à suivre le petit point représenté sur la plupart de ces vidéos, qui guidera votre respiration.

Mon programme anti-crise d'angoisse

Qu'est-ce que l'angoisse ?

L'angoisse est une émotion généralement ressentie en présence ou dans la perspective d'un danger ou d'une menace, ou dans des situations déplaisantes, inconfortables et déstabilisantes. Votre enfant peut ressentir plusieurs niveaux d'angoisse, de l'inquiétude à l'anxiété, de la crainte à la frayeur, de la peur à la phobie. Quoi qu'il arrive, c'est une forme de peur, donc ces deux émotions sont étroitement liées. Les enfants étant plus sensibles que les adultes, leurs peurs sont nombreuses et c'est bien normal. Tous les enfants manifestent au cours de leur développement des peurs excessives qu'ils vont apprendre à maîtriser et qui vont donc ensuite, pour la plupart d'entre elles, s'estomper. Grâce à votre éducation, votre enfant pourra surmonter ses peurs et ses angoisses, et moduler de mieux en mieux sa réaction face à la peur.

Avoir peur, ce n'est pas grave !

La première fonction de la peur est d'alerter, de signaler un danger potentiel pour mieux s'en protéger. Elle permet ainsi à votre enfant d'apprendre à développer son courage, à faire face à ses limites, à l'inconnu et aux nouveautés avec prudence, en l'aidant à estimer, selon l'intensité de sa peur, s'il est prêt à se confronter à la situation (réelle ou imaginaire) qu'il perçoit comme menaçante.

Quelles peuvent être les sources d'angoisse de votre enfant ?

- La peur des clowns, du père Noël, des monstres, des sorcières, des fantômes…
- La peur du noir, des cauchemars, du silence, des voleurs, des petits bruits nocturnes…
- La peur des araignées, du vide, des endroits clos, de l'avion…
- La peur de se perdre dans un endroit, de se retrouver seul perdu quelque part…
- La peur d'échouer, de ne pas être à la hauteur, de faire une bêtise, d'être grondé, puni…
- La peur des disputes, de la séparation, du divorce de ses parents…
- La peur d'être aimé, rejeté, jugé, trahi, seul, abandonné…
- La peur d'avoir l'air ridicule, des moqueries, des méchancetés…
- La peur de la mort, de la maladie, de la douleur, de la souffrance…

Que se passe-t-il alors en lui ?

Lorsque votre enfant a peur, son organisme sécrète de l'adrénaline (hormone du stress), ce qui entraîne une augmentation de sa fréquence cardiaque, de sa pression artérielle et de son taux de glucose dans le sang. L'énergie est alors mobilisée plus rapidement, et votre enfant est prêt à réagir, dans le but de fuir ou de combattre un éventuel danger : les organes qui ont un rôle à jouer dans le combat du danger (cœur, cerveau, muscles) sont mieux oxygénés, son corps reste en état d'alerte, avec une augmentation de la vigilance. Tout dans son organisme a donc pour but de le protéger et de le sauver de la situation dangereuse. La peur peut aussi avoir d'autres effets sur votre enfant, comme une transpiration excessive, des tremblements, des difficultés à déglutir, une paralysie ou des douleurs abdominales.

Et après ?

Si une peur n'est pas bien gérée et qu'une angoisse s'installe plus profondément, votre enfant peut alors faire des cauchemars durant son sommeil, voire souffrir de terreurs nocturnes, plus violentes que les cauchemars puisque votre enfant peut avoir des réactions physiques très violentes (coups, cris…). Résultat : ses nuits agitées l'empêchent de récupérer comme il se doit durant la nuit, et le cumul de la fatigue peut alors fragiliser encore plus l'état émotionnel de votre enfant.

Petit guide du parent bienveillant face à la crise d'angoisse

Ce que vous pouvez faire…

- L'encourager à exprimer ses peurs.
- Accueillir ses peurs avec bienveillance.
- Le féliciter à chaque fois qu'il arrive à surmonter une de ses peurs.
- Lui offrir un cadre sécurisé et rassurant dans son quotidien, via des petits rituels (câlin au réveil, petites comptines au coucher…).
- Le rassurer régulièrement en lui rappelant que vous l'aimez ou avec des gestes tendres.
- Lui faire tester une chose nouvelle chaque jour (un nouvel aliment, une nouvelle coupe de cheveux…).
- Lui laisser prendre des décisions tout seul (comment s'habiller, ranger sa chambre…).
- Lui laisser prendre des initiatives (faire ses devoirs assis par terre, appeler sa grand-mère…).
- Lui donner progressivement des responsabilités en fonction de son âge (nourrir le chat, vider le lave-vaisselle…).
- Apprendre à gérer vos propres angoisses.

À ne pas faire

- Menacer verbalement ou physiquement votre enfant.
- Minimiser sa peur avec des phrases comme : « Ce n'est rien… »
- Le surprotéger face aux éventuels dangers.
- Le rassurer trop vite sans lui laisser le temps de vivre sa peur.
- Le forcer à affronter sa peur seul, « comme un grand ».
- L'humilier en le comparant à d'autres avec des phrases comme : « Lui, il n'a pas peur ! »
- Se moquer de sa peur, en rire.
- Le culpabiliser avec des phrases comme : « Tu as vraiment peur de tout… »
- Partager en détail avec lui toutes vos angoisses.
- Interpréter son angoisse comme de la comédie.

Ateliers ludiques anti-angoisse

La boîte cocooning des peurs

L'un des moments où les angoisses des enfants s'expriment le plus, c'est le soir au moment de se coucher. Pour aider votre enfant à surmonter ses petites peurs de séparation, proposez à votre enfant de fabriquer avec lui une boîte cocooning des peurs : chaque soir, chacun pourra noter les différentes peurs vécues dans la journée ou ses appréhensions pour la nuit sur un bout de papier, qu'il mettra dans la boîte pour s'en libérer en douceur avant d'aller se coucher.

Le doudou du courage

Ce qui rassure le plus un enfant qui a peur, c'est la présence de l'un de ses parents… Évidemment, vous ne pouvez pas toujours être à ses côtés ! La bonne idée ? Lui offrir un objet transitionnel pour lui rappeler que vous êtes toujours là malgré la distance.

Choisissez avec lui un « doudou du courage », peut-être un de vos vêtements ou de vos foulards qui porte votre odeur, et décrivez ensemble tout ce que ce doudou va pouvoir lui apporter en votre absence : du courage, de l'amour, de la confiance… selon son besoin !

Un petit cœur portable !

Lorsque votre enfant exprime une peur (première rentrée des classes, accueillir un petit frère/sœur), proposez-lui de lui dessiner un petit cœur ou un smiley au creux de son poignet, qu'il pourra regarder discrètement en cas de besoin. Ce petit symbole d'amour et de courage pourra l'aider à affronter ses éventuelles peurs à toute heure de la journée.

La posture de confiance

Entraînez-vous avec votre enfant à prendre une posture de confiance : invitez-le à se redresser, comme si un fil invisible l'étirait de 2 millimètres vers le haut à partir de son sternum (point central au-dessus de la poitrine), ce qui l'entraînera forcément à écarter les épaules, à ouvrir le torse et à relever le menton.

Ces 2 millimètres feront toute la différence dans sa posture, mais aussi forcément dans son attitude et son ressenti : il aura alors l'impression d'avoir la force de garder la tête haute et de faire face à toute épreuve !

Le galet de la peur

Pour dire bye-bye à sa peur, proposez à votre chérubin de vous rendre au bord de la mer, d'un lac ou d'une rivière, voire sur un pont. Sur le chemin, ramassez chacun un galet ou un caillou qui pourrait représenter ce qui vous fait peur… Vous pouvez même écrire dessus le mot « PEUR » au marqueur (que vous aurez veillé à emporter). Quand vous êtes prêt, comptez ensemble jusqu'à 3 et lancez chacun votre « galet de la peur » le plus loin possible dans l'eau ou dans le vide. Cet acte symbolique est toujours d'une grande puissance libératrice au niveau émotionnel.

Mon programme anti-crise de jalousie

Qu'est-ce que la jalousie ?

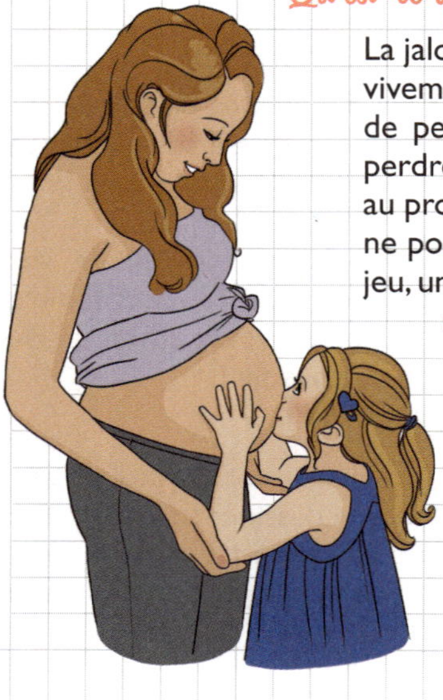

La jalousie est une émotion ressentie par votre enfant lorsqu'il désire vivement quelque chose ou quelqu'un, qu'il possède déjà et qu'il craint de perdre au profit de quelqu'un d'autre. Exemples ? Il a peur de perdre ses parents au profit de sa petite sœur ou sa meilleure copine au profit de sa nouvelle amie. Il peut également être jaloux de ce qu'il ne possède pas encore, mais qu'il envie à autrui, comme un jouet, un jeu, un vêtement ou des résultats scolaires… Son sentiment de jalousie peut ainsi prendre plusieurs formes : de l'envie à la convoitise, de la rancœur à la rivalité, du manque de confiance à la possession, du sentiment d'abandon au sentiment d'injustice.

Être jaloux peut (parfois) être bénéfique…

La toute première forme de jalousie que votre enfant a pu ressentir quand il était bébé est celle vis-à-vis de sa maman, notamment quand il la voit porter de l'attention à quelqu'un d'autre que lui. Il a alors appris plus ou moins bien à gérer la frustration de devoir partager cette personne qu'il aime et dont dépend son bien-être. La jalousie permet donc à votre enfant d'exprimer son besoin d'attention et d'amour, mais lui apprend aussi à partager et à se détacher d'éventuelles dépendances affectives ou matérielles excessives. Bonne nouvelle : se libérer de sa jalousie, c'est donc aussi développer son altruisme et sa générosité !

Quelles peuvent être les sources de jalousie de votre enfant ?

- L'arrivée d'un petit frère ou d'une petite sœur, du trop d'attention porté à ce nouveau venu…
- Le temps que vous passez avec ses frères et sœurs par rapport au temps passé avec lui…
- L'affection qu'un ami porte à d'autres amis que lui, du temps qu'il passe avec les autres…
- Ne pas être le meilleur ami d'un ami qui compte beaucoup pour lui.
- Ne pas faire partie d'un groupe qui l'attire.
- Ne pas être aimé autant que d'autres par la nounou, la maîtresse, l'animateur…
- Les bons résultats scolaires qu'ont d'autres camarades, leurs meilleures notes ou appréciations…
- Les jouets, les jeux, les vêtements d'autres enfants, qu'il n'a pas…
- Les activités ou les sorties que d'autres enfants peuvent faire et que lui ne fait pas…
- L'argent de poche ou des cadeaux reçus à leur anniversaire par d'autres enfants…
- Le fait que ses frères et sœurs plus âgés peuvent se coucher plus tard.
- La victoire, la réussite, le classement qu'ont d'autres enfants à des jeux, des sports ou autres compétitions…

Que se passe-t-il alors en lui ?

Lorsque votre enfant est jaloux, ses vaisseaux sanguins se contractent, ralentissant son rythme cardiaque et le fonctionnement optimal d'une grande partie de son organisme. Son système hormonal en subit alors l'impact, ralentissant sa production d'ocytocine (hormone de l'attachement et de l'amour), mais aussi d'endorphine (hormone du bien-être), de sérotonine (hormone du plaisir) et, par conséquent, de mélatonine (hormone du sommeil). Cet enchaînement hormonal fait en sorte qu'il lui est plus compliqué de se sentir proche des autres, et ses nuits en sont généralement bien perturbées.

Et après ?

La jalousie est donc un feu qui le consume de l'intérieur : les traits de son visage s'assombrissent, se durcissent, lui enlevant son éclat naturel de sérénité. Un enfant jaloux et envieux n'a jamais bonne mine, puisque son mental est rongé par l'envie. Ses relations avec les autres se compliquent de plus en plus, et ses sentiments de plaisir et de joie de vivre disparaissent peu à peu…

Petit guide du parent bienveillant face à la crise de jalousie

Ce que vous pouvez faire…

- → Mettre en valeur ce qui rend votre enfant unique et merveilleux.
- → L'encourager à exprimer sa jalousie sans en avoir honte.
- → Accueillir sa jalousie sans jugement et avec bienveillance.
- → Prendre le temps de faire des activités en tête à tête avec votre enfant.
- → Le rassurer régulièrement en lui rappelant que vous l'aimez ou avec des gestes tendres.
- → Lui expliquer qu'on peut aimer plusieurs personnes en même temps.
- → Lui démontrer qu'on peut s'amuser avec pas grand-chose.
- → Encourager sa bienveillance, sa gentillesse et son altruisme.
- → Apprendre à gérer votre propre jalousie.

À ne pas faire

- → Minimiser sa jalousie avec des phrases comme : « Tu as vu déjà tout ce que tu as ? »
- → Lui dire de prendre exemple sur son frère ou sa sœur.
- → Chercher absolument à « faire pareil » entre frères et sœurs.
- → Le comparer sans arrêt aux autres.
- → Vous comparer vous-même sans arrêt aux autres.

- Lui mettre des étiquettes, comme : « Tu es le plus lent », « Tu es la meilleure de la classe »…
- Mettre des étiquettes à tout le monde, comme : « C'est le plus gentil », « Elle est la plus drôle »…
- Porter des jugements sur tout le monde.
- Le punir pour ses crises de jalousie.
- Interpréter sa jalousie comme un caprice d'enfant gâté.

La boîte à outils anti-jalousie

Rituel du soir « J'ai vraiment de la chance, car… »

Si votre enfant est sous l'emprise d'un sentiment de jalousie, il peut en arriver à oublier tout ce qu'il possède déjà, toutes les belles choses qu'il vit déjà et toutes les belles personnes qui l'aiment. Il est bon de les lui rappeler subtilement et régulièrement en lui proposant une ou deux fois par semaine un rituel du soir : dans un moment chaleureux avant d'aller se coucher, chacun de vous complète la phrase « J'ai vraiment de la chance, car… » par plusieurs fins. Inutile de faire durer le rituel trop longtemps, mieux vaut quelques réponses différentes par soir, pour qu'il prenne le temps de savourer et donc d'intégrer chacune de ses réponses en s'endormant.

La positive attitude

Si votre enfant ressent une forme de jalousie vis-à-vis de quelqu'un en particulier, il peut facilement se laisser absorber par cette émotion et refuser de voir tout ce qui est positif chez cette personne. Proposez-lui un petit exercice de focus positif : identifiez ensemble 3 personnes vis-à-vis desquelles il ressent une forme de jalousie. Pour chacune, invitez-le à lister tout ce qu'il aime bien chez elle et comment il pourrait lui faire plaisir, puis accompagnez-le vers le passage à l'action dans ce sens. L'effet attendu : qu'il développe de l'empathie pour cette personne et cesse, par ses actions positives, de la voir comme une ennemie.

Le dessin de son entourage de cœur

En reprenant conscience de toutes les personnes qui l'aiment sincèrement dans son entourage, votre bambin peut lâcher prise plus facilement sur une éventuelle jalousie relationnelle. Proposez-lui de faire un beau dessin de lui et, autour, de toutes les personnes qui comptent pour lui et qui l'aiment réellement, que ce soient ses parents, ses frères et sœurs, ses oncles et tantes, ses cousins, cousines, grands-parents, amis, voisins ou nounou, sa maîtresse, les animateurs, le chat, son poisson rouge… Invitez-le ensuite à afficher ce beau dessin dans sa chambre pour qu'il s'en souvienne à chaque fois qu'il pose les yeux dessus.

Le jeu d'empathie

Lors d'une sortie au parc ou dans un restaurant par exemple, amusez-vous à proposer à votre petit de jouer au jeu de l'empathie. Voilà comment se déroule ce petit jeu : invitez-le à observer une personne de son choix autour de lui et à imaginer, selon lui, ce que cette personne peut ressentir. Même s'il ne saura jamais s'il a raison ou non, le fait de se mettre quelques instants à la place de quelqu'un d'autre l'aidera à développer son empathie. En apprenant à se mettre à la place des autres au lieu de se comparer à eux, il réduira progressivement ses sentiments de jalousie.

La marionnette du petit sage

Et si vous vous lanciez dans un atelier créatif ? L'idée est de fabriquer ensemble une petite marionnette bien particulière : celle d'un petit sage. Pour cela, invitez-le à choisir une chaussette et à décorer cette dernière pour la glisser sur sa main. Objectif : en faire un personnage qui représente pour lui la sagesse, celui qui a toujours la bonne parole, les bons conseils. De temps en temps, si votre enfant exprime une forme de jalousie lors de vos discussions sur vos émotions de la journée, écoutez-le avec bienveillance et proposez-lui de se demander ce que son petit sage penserait de sa situation et quelles solutions il pourrait lui proposer. Faites-lui enfiler la petite marionnette et laissez-le répondre en incarnant le petit sage.

Exercice de sophrologie : les gommes magiques

Proposez à votre enfant une petite séance de sophrologie ludique pour lui permettre de se calmer en cas de besoin et à se libérer de sa jalousie.

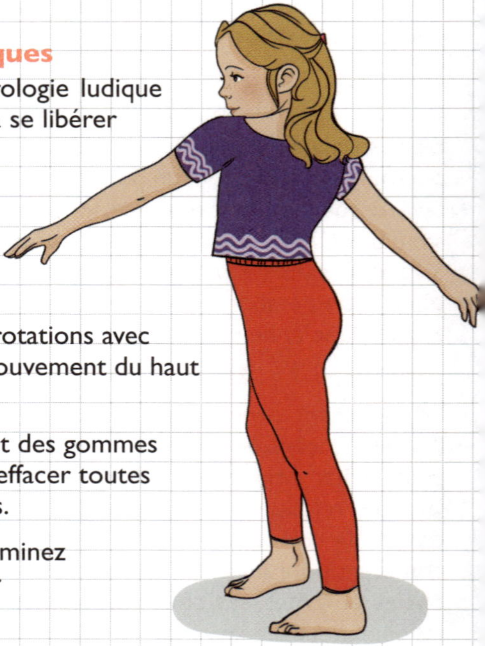

→ Invitez-le à se mettre debout, les pieds un peu écartés et bien ancrés au sol pour garder l'équilibre. Il peut fermer les yeux s'il le souhaite.

→ Alors qu'il respire calmement, invitez-le à faire des rotations avec son buste en laissant ses bras suivre librement le mouvement du haut de son corps.

→ Pendant l'exercice, proposez-lui d'imaginer qu'il tient des gommes magiques dans ses mains et qu'il peut, grâce à elles, effacer toutes ses peurs, toutes ses tensions et toutes ses jalousies.

→ Invitez-le à refaire cet exercice 3 fois de suite et terminez par une petite discussion pour qu'il puisse exprimer ce qu'il a ressenti durant la séance.

Guide complet et détaillé du parent bienveillant face à la crise

Pour vous aider à trouver la bonne attitude et les bons mots face à une crise de votre enfant, nous vous proposons deux programmes complémentaires : le premier pour vous aider à gérer une crise sur le moment où elle se présente et le deuxième pour vous accompagner dans la mise en place des rituels éducatifs afin d'apaiser le tempérament réactif de votre enfant et de cultiver sa sérénité quotidienne.

Votre réaction face à la colère de votre enfant détermine non seulement comment il se sent dans l'immédiat, mais elle a aussi un impact sur la construction de sa personnalité. Si, par exemple, vous cédez à chacune de ses colères, il aura rapidement tendance à devenir capricieux, et si vous le surprotégez dans ses peurs, il pourra petit à petit développer un tempérament angoissé. Alors, pour réagir au mieux face à la crise, suivez le guide !

Programme flash anti-crise

Que ce soit dans ses habitudes ou non, que faire quand votre enfant pique une violente crise de colère dans le bus, au restaurant ou dans un magasin ? Comment réagir quand il est pris d'une inquiétante crise de stress avant son conseil de classe ou après avoir vu des informations violentes à la télé ou sur Internet ? Quel comportement avoir quand il est sous l'emprise d'une forte crise d'angoisse lorsque vous le déposez à l'école, au moment du coucher ou en pleine nuit ? Et que faire quand il pique une crise de jalousie au point de refaire pipi au lit à l'arrivée de son petit frère à la maison ou de déchirer le dessin de son camarade de classe parce qu'il est plus « joli » que le sien ? Autant de situations dans lesquelles, comme la plupart des parents, vous vous sentez pris au dépourvu, et auxquelles vous réagissez parfois maladroitement malgré votre réelle envie d'aider votre enfant.

Quelles que soient les raisons de ces crises, voici quelques lignes de conduite qui peuvent vous aider à y faire face.

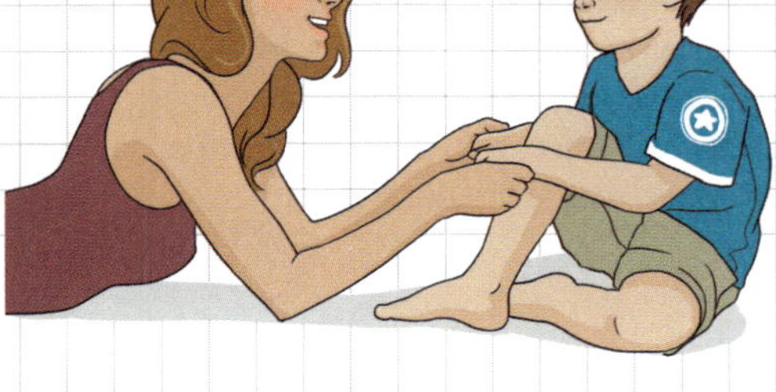

Avant la crise…

Vous sentez que votre enfant est touché par une émotion, que la tension monte et que la crise est proche… Que faire ?

Rendez-vous disponible pour votre enfant !

Si vous ignorez son émotion et ne l'aidez pas à la canaliser, elle finira certainement par exploser, alors essayez au maximum d'arrêter ce que vous êtes en train de faire (travailler, cuisiner, faire vos courses, regarder une série ou jouer à un jeu vidéo… peu importe : stop !), rendez-vous pleinement disponible et rapprochez-vous de votre enfant pour créer une zone de complicité entre vous, même au milieu d'une foule.

Demandez-lui comment il se sent !

Le plus souvent, le simple fait de mettre des mots sur une émotion suffit à la désamorcer. Commencez par demander à votre enfant comment il se sent : cette simple question l'aidera à identifier lui-même son mal-être, même s'il ne trouve pas forcément les mots justes pour décrire précisément ce qui le traverse.

Si l'émotion accueillie semble apaisée, tentez de détourner son attention !

Parfois, l'émotion de votre enfant est vraiment passagère et vous sentez qu'il semble plus serein après une petite discussion. Petite astuce : aidez-le à lâcher totalement prise en détournant son attention sur autre chose.

Pendant la crise

Trop tard, votre enfant est sous l'emprise de son émotion, il ne se contrôle plus et la crise explose, que faire ?

Étape 1 : calmez votre enfant pour réduire l'intensité de son émotion

- Sur le moment, quelle que soit l'émotion de votre petit, votre priorité est de le calmer et, pour cela, évidemment de vous calmer vous-même.
- Placez-vous à sa hauteur, parlez lentement et calmement, faites des gestes lents, prenez-lui la main, serrez-le contre vous, caressez-lui le dos, l'arrière de la tête.
- Faites-lui un ou deux petits bisous si la situation le permet.

Étape 2 : accueillez et reconnaissez son émotion

- Une fois qu'il est un peu calmé, montrez-lui que vous avez compris qu'il est en colère, stressé, angoissé ou jaloux.
- Décrivez sans jugement ce que vous observez chez lui : « Tu as l'air vraiment énervé avec tes sourcils froncés comme ça et tes cris… Ton visage est encore tout rouge… Tu as du mal à reprendre ta respiration ? Je comprends, ce n'est pas facile quand on se met dans cet état-là. »

- Dites-lui bien qu'il a le droit de se mettre en colère, d'être stressé, d'avoir peur ou de ressentir de la jalousie, que cela vous arrive à vous aussi.

Étape 3 : posez-lui des questions, aidez-le à prendre du recul sur la situation

- Quand votre petit a retrouvé son calme, demandez-lui s'il souhaite vous décrire ce qui l'a amené à se mettre dans cet état et ce qu'il a alors ressenti.
- S'il est d'accord et qu'il y parvient tout seul, écoutez-le sans rien ajouter. Adoptez juste une écoute bienveillante jusqu'à ce qu'il termine, puis ponctuez votre écoute de « hum », « ah d'accord », « OK ».
- S'il ne trouve pas ses mots, aidez-le un peu en décrivant uniquement les faits et l'effet que cela semble avoir eu sur lui : « Tu jouais donc avec ton copain et il a pris ton jouet sans te le demander. Tu n'as pas aimé qu'il te prenne ton jouet ? »
- S'il ne parvient toujours pas à parler, ne le forcez pas, contentez-vous de continuer à le calmer tranquillement.

Étape 4 : demandez-lui ce qui pourrait l'aider à se calmer

- Qu'il parvienne ou non à décrire les faits et ses ressentis, demandez-lui si vous pouvez faire quelque chose pour qu'il se sente mieux.
- Invitez-le à reprendre son souffle
- Proposez-lui un verre d'eau, cela peut l'aider à mieux respirer et à reprendre contact avec la réalité.
- Demandez-lui si quelque chose pourrait lui faire du bien, là maintenant, pour retrouver son calme ou son sourire.

Étape 5 : rappelez-lui que vous l'aimez

- Quoi qu'il arrive, pensez à lui rappeler que, même s'il n'a pas su gérer ses émotions cette fois-ci, il est quand même un enfant merveilleux, que vous aimez de tout votre cœur.
- Même si, parfois, son comportement peut vous amener vous-même à ressentir de la colère, de la déception ou de l'inquiétude, vous l'aimez toujours autant. Pas besoin d'être parfait pour être aimé. Personne n'est parfait, vous non plus, sinon vous ne vous mettriez jamais en colère et vous ne seriez jamais stressé. N'hésitez pas à le lui expliquer.

Après la crise

Ouf, la crise est passée, mais une nouvelle discussion est nécessaire après coup. Choisissez un moment de calme, en tête à tête, et proposez-lui de reparler calmement de ce qu'il a traversé. L'idéal est d'avoir cette discussion dans l'heure qui suit, avant que votre enfant ne soit totalement passé à autre chose.

Aidez-le à se libérer de toute son émotion

Vérifiez que votre enfant est bien calmé et que son émotion est totalement passée. Pour cela, vous pouvez lui demander : « Ça va mieux maintenant ? Est-ce que tu ressens encore un peu de colère [ou de peur, de stress, de jalousie] ? » Si oui, aidez-le à trouver les mots pour l'accompagner dans l'expression du reste de son émotion, et ainsi l'aider à s'en libérer le plus possible. Félicitez-le et remerciez-le de réussir à en parler ainsi.

Aidez-le à se libérer de toute culpabilité

Vérifiez ensuite qu'il ne se sent pas coupable de ce qui s'est passé. Pour cela, demandez-lui par exemple : « Est-ce que tu t'en veux de t'être mis en colère ? D'avoir dit ou fait quelque chose en particulier à ce moment-là ? » Si oui, invitez-le sans le forcer à s'excuser avec ses mots, une lettre ou un dessin, en lui expliquant que ça peut vraiment l'aider à se sentir mieux.

Anticipez les prochaines crises

Rassurez-le à nouveau sur le fait qu'il est tout à fait normal de se mettre en colère ou d'avoir peur parfois, surtout lorsqu'on est fatigué, triste, inquiet, stressé ou dans une période difficile. Cela peut énerver d'autres personnes autour, vous y compris, mais le plus important, c'est de trouver comment se calmer et, mieux encore, comment parvenir à exprimer son émotion plus calmement la prochaine fois.

Devenez des partenaires dans la gestion de crise

Demandez-lui alors ce qui aurait pu l'empêcher de se mettre dans cet état, d'être submergé par son émotion. Qu'aurait-il pu faire autrement pour éviter d'en arriver là ? Que pourrait-il faire une prochaine fois pour éviter que cela ne se reproduise ? Toutes ces petites questions vont l'aider à comprendre ce qui se passe en lui et à mieux gérer la prochaine fois.

Aidez-le à se sentir mieux pour le reste de la journée

Enfin, veillez à ce qu'il se sente vraiment mieux à tous les niveaux pour qu'il puisse profiter au maximum du reste de sa journée et s'endormir paisiblement le soir. Vous pouvez lui proposer de se détendre avec une séance de respiration ludique, de yoga ou de méditation pour enfants, ou bien de se défouler au parc ou de mettre de la musique pour danser ensemble. Pour apaiser ses petites tensions, vous pouvez lui proposer un gros câlin ou un bon bain chaud en fin de journée. Son sourire sera vite de retour !

Chapitre 4

Mon programme pour cultiver le bonheur de mon enfant !

L'harmonie et la sérénité dans la famille… Quoi de plus important ? Plusieurs expériences de **psychologie positive** ont démontré que, pour qu'un bel équilibre émotionnel perdure au sein d'une famille, favorisant l'épanouissement de chacun et les échanges positifs, il faut lui consacrer **trois fois plus de temps aux émotions positives qu'aux émotions négatives.** Pas facile à mettre en place quand s'enchaînent les crises de colère de votre aîné et les crises de jalousie de votre petit dernier… Pas de panique, on vous livre des conseils 100 % efficaces pour botter le derrière à la négativité !

Les superpouvoirs de votre enfant…

Quand il éprouve des émotions positives, votre enfant développe naturellement des superpouvoirs et d'incroyables talents ! C'est ce qu'a démontré la psychologue américaine Barbara Fredrickson en établissant en 2001 une théorie qui donne aux émotions positives un grand rôle dans le bonheur de votre enfant. Donc, n'attendez pas que votre enfant aille mal pour lui consacrer des moments et de l'énergie, prenez dès maintenant du temps pour l'aider à développer ses plus belles ressources personnelles : ses émotions positives !

Deux formes d'émotions positives

Si un fou rire ne dure parfois que quelques instants (des instants précieux !), l'enthousiasme et la confiance en soi, par exemple, peuvent durer toute une vie. Il existe ainsi deux formes d'émotion positive qu'il faut distinguer (et renforcer) chez votre bambin.

1. Stimuler ses émotions positives ponctuelles dans l'instant présent

Votre enfant, quel que soit son âge, a forcément déjà ressenti de **l'amour**, principalement pour vous et pour les autres personnes de votre famille, mais aussi de **l'enthousiasme,** à la veille de Noël par exemple, de **l'émerveillement** face à un tour de magie ou de la **fierté** en ayant réussi à faire un joli dessin. Mais en grandissant, il peut lui arriver de freiner la spontanéité de toutes ses belles émotions et se retenir quand il est en public (« Ne m'embrasse pas comme ça devant tout le monde mon chéri ! ») ou du manque de temps et d'attention (« Oui, c'est bien ma puce, il est beau ton dessin, laisse maman travailler maintenant ! »).

Votre rôle en tant que parent ? Stimuler les émotions positives que votre petit traverse dans le moment présent et l'aider à cultiver (et non contenir) sa spontanéité !

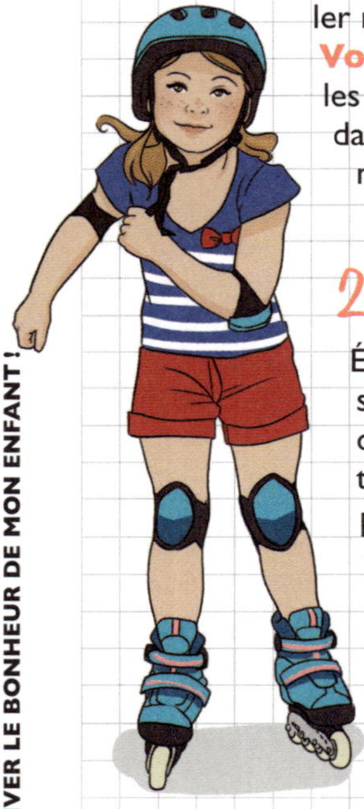

2. Cultiver ses émotions positives dans son tempérament au quotidien

Évidemment, les émotions de votre enfant sont directement influencées par son caractère. S'il correspond plutôt au **profil Douceur** (d'après le test de profil émotionnel, p. 4), il sera beaucoup plus sensible, au quotidien, à toutes les marques d'affection et aux gestes de tendresse que s'il correspond au **profil Stabilité.** S'il a un tempérament **optimiste,** il ressentira plus facilement de l'espoir et de la gratitude qu'avec un tempérament **pessimiste.**

Votre rôle en tant que parent ? Aider votre enfant à cultiver ses émotions positives profondes en mettant en place des rituels et en adoptant des comportements éducatifs qui augmenteront la fréquence et l'intensité de ces belles émotions.

Mon programme booster de joie et d'enthousiasme !

Qu'est-ce que la joie et l'enthousiasme ?

La joie est une émotion que votre enfant ressent sur l'instant lorsqu'il vit un moment qui lui est particulièrement agréable, qu'elle soit profonde et sereine (la joie de partager un moment en famille) ou qu'elle suscite de grands éclats de rire (devant un spectacle de clowns).

L'enthousiasme est l'émotion puissante qui s'empare de votre enfant lorsqu'il se retrouve dans une situation qui le transporte dans un état d'excitation (avant d'ouvrir son cadeau d'anniversaire), d'admiration (face à la tour Eiffel ou à son chanteur préféré) ou de frénésie (à l'annonce d'un prochain séjour à Disneyland).

Quelles peuvent être les sources de joie et d'enthousiasme de votre enfant ?

- Jouer, courir, sauter, bouger, danser, s'amuser.
- Parler, rire, discuter, chanter, blaguer…
- Voir un spectacle de danse, de magie, de marionnettes…
- Voir de magnifiques paysages, se promener dans la nature…
- Savourer un délicieux repas, un dessert, un fruit…

- Faire un sport ou une activité physique qu'il aime beaucoup.
- Pratiquer une activité créative et ludique laissant place à l'imagination.
- Regarder un film d'animation au cinéma, écouter une musique, jouer à un jeu de société.
- Préparer une surprise, un événement, un spectacle…
- Aider quelqu'un, collaborer avec d'autres, créer ensemble…
- Faire une sortie, un voyage scolaire, partir en week-end ou en vacances…
- Découvrir de nouveaux endroits, de nouvelles villes, de nouveaux pays…

Que se passe-t-il alors en lui ?

Lorsque votre enfant ressent de la joie ou de l'enthousiasme, son corps devient le berceau d'un véritable feu d'artifice d'hormones à la fois **excitantes** (adrénaline et dopamine), **relaxantes** (endorphine et sérotonine) et **relationnelles** (ocytocine). Son cœur et sa respiration s'accélèrent, et tous ses muscles sont en action. Il se sent plus vivant que jamais, prêt à décrocher la lune s'il le fallait.

Savoir (bien) doser ces émotions intenses

Vous vous en doutez, la joie et l'enthousiasme sont bénéfiques pour votre enfant : elles nourrissent son sentiment de bien-être sur l'instant, mais augmentent aussi sa vitalité, boostent son système immunitaire et développent par ricochet sa résistance aux aléas de la vie. En revanche, comme toute émotion, si elles sont vécues très intensément, elles puisent beaucoup d'énergie et votre enfant devra ensuite bien se reposer pour récupérer ! Tout est toujours une histoire d'équilibre…

Petit guide du parent bienveillant pour booster la joie et l'enthousiasme de votre enfant

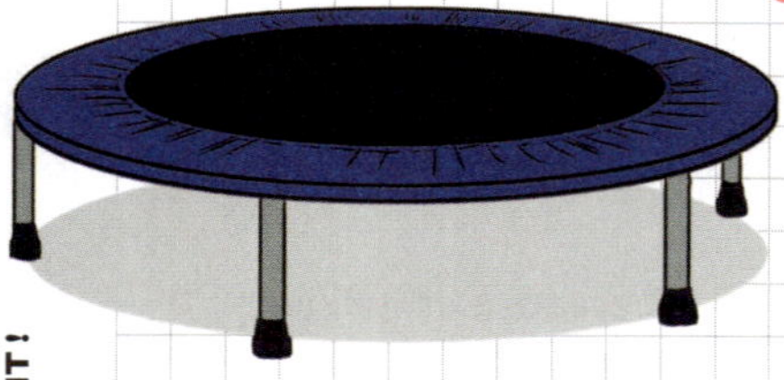

Ce que vous pouvez faire

- ➔ Quand votre enfant rentre de l'école, lui demander quels ont été les meilleurs moments de la journée pour lui.
- ➔ Faire en sorte de multiplier ses occasions de jouer avec d'autres enfants.
- ➔ Encourager ses moments de joie : « C'est bien de s'amuser comme ça ! »
- ➔ Le féliciter de sa créativité joyeuse : « Quelle imagination, c'est génial ! »
- ➔ Partager régulièrement des moments pour jouer et rire avec lui.
- ➔ À la moindre occasion, partager avec lui vos propres moments de joie.
- ➔ Lui exprimer aussi souvent que possible votre joie de passer du temps avec lui.
- ➔ Cultiver votre propre joie et votre propre enthousiasme.

À ne pas faire

- ➔ Privilégier le regard des autres au détriment de la joie de votre enfant.
- ➔ L'arrêter quand il est en pleine expression de joie.
- ➔ L'humilier en public avec des phrases comme : « Arrête de faire l'andouille ! »
- ➔ Le punir parce qu'il fait trop de bruit en jouant.
- ➔ Lui demander avec autorité de se calmer quand il est enthousiaste.
- ➔ Lui demander en premier au retour de l'école s'il a été sage.
- ➔ Minimiser ou banaliser son ressenti avec des phrases comme : « Ce n'est pas si exceptionnel que ça… »
- ➔ Ignorer ce qui le met en joie ou l'enthousiasme.
- ➔ Passer à côté de moments de joie à partager avec lui, comme une bonne note à l'école ou une invitation à un goûter d'anniversaire.

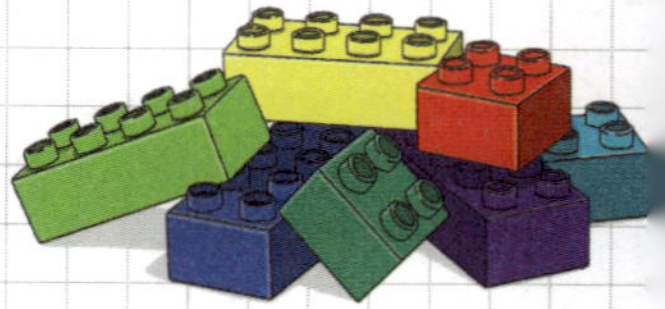

La boîte à outils pour booster la joie et l'enthousiasme

Pour stimuler son enthousiasme et cultiver sa joie de vivre au quotidien, voici quelques activités ludiques et pratiques à proposer à votre petit !

Faire ses devoirs dans la joie et la bonne humeur !

Ce serait tellement plus agréable si votre enfant parvenait à prendre du plaisir pendant ses devoirs… Pour l'aider à apprécier le moment, voici quelques idées à tester…

- Proposez-lui de se déguiser pour qu'il incarne son héros préféré pendant ses exercices.
- Réalisez ensemble une belle affiche représentant la leçon qu'il doit apprendre, avec des images à coller, des couleurs, des dessins…
- Le laisser apprendre ses leçons tout en faisant du sport dans le jardin.

N'hésitez pas à demander à votre bambin ce qui l'amuserait pour rendre le moment des devoirs plus sympa ! Il aura sans doute encore bien d'autres idées !

Regarder des vidéos trop drôles

Les chercheurs en psychologie positive l'ont prouvé : regarder ne serait-ce que pendant quelques minutes des vidéos de personnes riant de bon cœur génère en nous un état de joie intense et peut même provoquer instantanément notre propre rire. Alors, avec votre enfant, accordez-vous régulièrement des petites séances de visionnages de vidéos de crises de fou rire sur Internet !

Le haka des All Blacks du ménage

Quel parent ne rêve pas que son enfant participe au ménage et range ses jouets avec entrain et bonne humeur ? Voici une technique qui peut vous y aider : l'essentiel est de mettre votre enfant en mouvement, alors créez ensemble un rituel de démarrage : que diriez-vous du haka des All Blacks du ménage ? Choisissez des sons, des mouvements, et hop ! Quand il est l'heure de s'y mettre, appelez-le non pas pour faire le ménage, mais pour le rituel du haka ! Il sera forcément plus enthousiaste !

Un grand chef à la maison

Les enfants adorent jouer à des jeux d'imitation… Et si vous lui proposiez d'aller plus loin et de devenir le grand chef cuisinier de la maison ? Voici quelques astuces pour vous lancer…

- Achetez-vous des toques de cuisinier et des tabliers ! En se mettant dans la peau d'un grand chef, votre enfant se prendra facilement au jeu.
- Cherchez ensemble des recettes sur Internet et réalisez le plan des menus de la semaine.
- Emmenez-le avec vous choisir les ingrédients au magasin, mais veillez à ce que les courses ne durent pas trop longtemps pour que son enthousiasme ne retombe pas. Profitez-en pour acheter une nouvelle nappe, qu'il choisira lui-même, pour rendre la table encore plus belle (et à son goût à lui aussi !).
- Enfin, au moment de cuisiner, proposez-lui de choisir la musique sur laquelle vous allez pouvoir cuisiner tout en chantant ou en dansant ensemble !

La chasse aux Post-it de blagues

Votre enfant adore les blagues ! Voici une idée d'activité à partager avec lui pour mettre de la joie dans la maison : cherchez de votre côté sur Internet une dizaine de blagues, type blagues de Toto, puis écrivez-en une par Post-it et éparpillez ces derniers un peu partout dans la maison ! Quand vous sentez que c'est le bon moment, appelez votre enfant et déclarez ouverte la chasse aux Post-it ! Il va s'amuser comme un petit fou à chercher les Post-it et à découvrir une à une toutes ces blagues. Fous rires garantis !

Séance de yoga du rire des voyelles

Que serait la joie sans le rire ? Voici un petit exercice de yoga du rire qui amusera non seulement votre bout d'chou, mais qui aura en plus un effet positif sur le développement de son langage. Montrez l'exemple et invitez votre petit à répéter comme vous et à vous imiter au fur et à mesure.

1. Tenez-vous debout, en tenue confortable, pieds légèrement écartés (de la largeur des hanches).
2. Prenez une profonde respiration en gonflant le ventre de façon très exagérée.
3. Soufflez et libérez l'air au maximum de façon très exagérée aussi.
4. Imitez, là encore de façon exagérée, une personne qui rit en changeant petit à petit la voyelle :
   - Ha, ha, ha, ha !
   - Hé, hé, hé, hé !
   - Hi, hi, hi, hi !
   - Ho, ho, ho, ho !
   - Hu, hu, hu, hu !
   - Hou, hou, hou, hou !

5. Recommencez, mais cette fois en précisant que vous allez vous mettre dans la peau d'animaux qui rient :
   - une petite souris ;
   - un gros éléphant ;
   - un ouistiti ;
   - une tortue ;
   - un âne ;
   - un ours.
6. Revenez en position debout, pieds légèrement écartés.
7. Prenez une profonde respiration.
8. Fermez les yeux et observez ce qui se passe dans son corps.
9. Rouvrez les yeux et discutez ensemble de ce que chacun a ressenti durant la séance.
10. Remerciez-vous et terminez par un câlin.

Mon programme booster d'amour et de tendresse !

Qu'est-ce que l'amour et la tendresse ?

Ah, l'amour… Il s'agit d'un sentiment profond d'affection que votre bambin ressent envers une autre personne, un animal ou même quelque chose de plus abstrait, comme la nature. Son amour peut prendre différentes formes, allant de la tendresse à la passion, de l'attachement à la fusion. La tendresse est l'une des formes les plus douces et délicates de l'amour. Elle s'exprime au travers de gestes tendres, de mots doux, de câlins et de douces attentions.

L'amour ? Un socle de vie

Sans amour, la vie serait d'une infinie tristesse, n'est-ce pas ? D'ailleurs, sans amour, nous aurions du mal à survivre. Un enfant qui n'est pas aimé sombre, selon certains psychologues, dans la psychose. Ce qui se joue dès les premiers jours de sa vie entre un enfant et ses parents donne la tonalité des sentiments qu'il éprouvera par la suite. Plus l'amour de votre enfant est nourri durant sa petite enfance, plus il peut construire sa véritable personnalité sur un socle solide et sécurisant. Son besoin d'amour et de tendresse perdurera tout au long de sa vie, ce qui lui permettra de garder un lien avec d'autres personnes.

Quelles peuvent être les sources d'amour et de tendresse d'un enfant ?

- L'amour des parents, tendre, complice, délicat, rassurant, encourageant et stimulant.
- L'amour fraternel, vivifiant, amusant.
- Le sentiment amoureux entre enfants, léger et important à la fois.
- L'amour des animaux, câlin, joueur, fidèle.
- L'amour de la nature, ressourçant, apaisant.
- L'amour du doudou, des peluches, rassurant, sécurisant.
- L'amour de soi, des autres, de la vie…

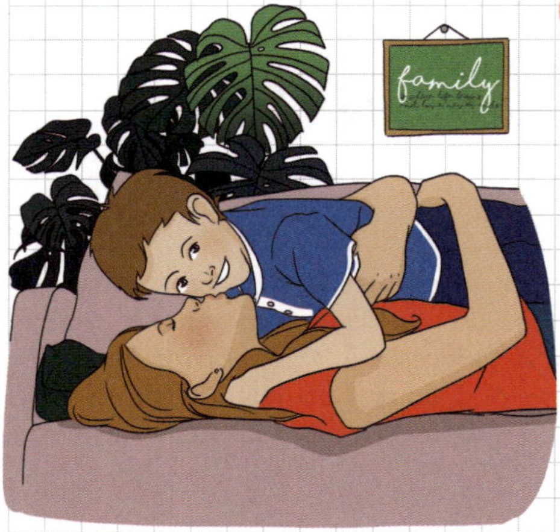

Que se passe-t-il alors en lui ?

Lorsque votre enfant ressent de l'amour, son organisme sécrète principalement de l'ocytocine (hormone de l'amour et de l'attachement). Cette hormone est libérée à toute heure de la journée, dès que votre enfant est en présence de ses parents en particulier, mais aussi de toute personne qu'il aime d'un amour tendre et sincère. Elle régule en effet tout un système dédié au lien et à l'attachement : elle diminue l'anxiété, donne un sentiment de sécurité et favorise la confiance et le rapprochement entre deux personnes. Selon les situations, néanmoins, l'amour provoque des bouleversements hormonaux très variés.

Une vague de douceur s'empare de lui…

Dans les moments de tendresse, la forte libération d'ocytocine entraîne un ralentissement du rythme cardiaque de votre enfant, sa pression artérielle diminue, ses muscles se relâchent, il ressent comme une vague de douceur à l'intérieur de son corps qui apaise toute tension physique et émotionnelle.

Le cœur Chamallow !

En revanche, si votre enfant a un amoureux ou une amoureuse, un pic de dopamine (hormone de l'excitation) vient dans les premiers temps stimuler son organisme quand il se trouve près de lui, son cœur bat très fort et ses muscles peuvent se contracter au point de le figer sur place et de le rendre incapable de trouver ses mots. Ce sentiment vous rappelle des souvenirs, peut-être ?

Une fois les premiers temps passés, chaque moment partagé avec son amoureux est un véritable plaisir : une libération de sérotonine (hormone du plaisir) donne à votre enfant la sensation d'être sur un petit nuage, tandis que des pics d'adrénaline (hormone du stress) le rendent impatient, mais parfois un peu stressé à l'approche de sa prochaine rencontre avec l'être qui fait battre son cœur. Trop mignon !

Petit guide du parent bienveillant pour booster l'amour et la tendresse de votre enfant

Ce que vous pouvez faire

- Arrêter tout ce que vous faites quand votre enfant vient vous faire un bisou ou un câlin.
- Le remercier à chaque fois qu'il vient vous faire un bisou ou un câlin.
- Lui faire vous-même régulièrement un bisou ou un câlin sans raison.
- Lui faire régulièrement des petits gestes tendres (sur la tête, le dos, les bras…).
- Lui rappeler régulièrement que vous l'aimez, avec des mots simples.
- Lui rappeler que vous l'aimez, même durant les crises.
- Lui rappeler que vous l'aimez, même quand vous êtes séparés (vacances, déplacement professionnel…).
- Lui prouver régulièrement votre amour par des petites attentions personnalisées.
- Prendre du temps régulièrement pour des petits moments de complicité avec lui.
- Exprimer à quel point vous appréciez son amour et sa tendresse.
- Le féliciter quand il parvient à exprimer son amour à d'autres personnes.
- Entretenir et renforcer votre propre amour en couple ou avec vos amis.

À ne pas faire

- Avoir honte de ses marques d'affection en public.
- Penser qu'il sait que vous l'aimez sans avoir besoin de lui dire.

- Lui faire du chantage affectif : « Je ne te ferai un câlin que si tu ranges ta chambre… »
- Le priver de votre amour dans les moments de crise.
- Lui exprimer votre amour uniquement par des cadeaux ou de la nourriture.
- Être exclusif dans votre amour avec votre enfant : « Tu es l'amour de ma vie… »
- L'encourager à être exclusif dans son amour pour vous : « Personne ne t'aimera autant que moi… »
- Minimiser ses sentiments pour ses amoureux ou ses amoureuses.

La boîte à outils pour booster l'amour et la tendresse de votre enfant

Les 3 messages d'amour

Quel meilleur moyen pour développer son amour que de l'exprimer à ceux que l'on aime ? Proposez donc à votre enfant d'écrire un petit message d'amour ou de faire un beau dessin d'amour pour 3 ou 4 des personnes à qui, aujourd'hui, il a particulièrement envie de dire qu'il les aime fort.

Le rituel des 5 bisous par jour

Votre enfant, quel que soit son âge, a besoin de sentir que vous l'aimez en permanence, quels que soient ses résultats scolaires, ses bêtises ou ses petites crises. C'est le fondement de son équilibre émotionnel. Pour cela, un simple bisou sincère et chargé d'amour suffit. Mettez donc en place, si ce n'est pas déjà le cas, le rituel des 5 bisous par jour : un bisou au réveil, un bisou avant d'aller à l'école, un bisou au retour de l'école, un bisou au coucher et… un bisou spontané quand vous en ressentez l'envie, sans raison particulière ! Ce cinquième bisou est précieux, il peut venir à n'importe quel moment de la journée, de vous… ou de lui !

La séance de massage en famille

Les gestes tendres sont toujours agréables pour un enfant, et souvent tout aussi agréables pour ses parents, d'ailleurs ! Que diriez-vous de partager une petite séance de massage avec votre enfant ? Sur le canapé ou dans un lit, à un moment adapté pour des échanges complices, le week-end ou 15 minutes avant l'heure du dodo, proposez plusieurs types de massage, à tester l'un sur l'autre : avec ou sans huile, massage du crâne, des mains, du dos, des pieds… Chacun aura ses

préférences, et vous pourrez alors reproduire ce type de séance en personnalisant de plus en plus les massages en fonction des goûts de chacun !
Voici quelques gestes de massage sous forme de jeux…

- **Les mains apaisantes pour calmer, réconforter et réchauffer :** placez vos mains sur les épaules de votre enfant en exerçant une légère pression et laissez-les ainsi pendant 3 respirations. Déplacez-les sur son dos en pressant légèrement à nouveau et maintenant la position le temps de 3 respirations. Continuez ainsi sur différentes parties du corps de votre enfant. Ensuite, inversez les rôles !
- **De la petite pluie fine à la grosse pluie :** votre enfant reproduit avec le bout de ses doigts des gouttes de pluie qui vous tombent dans le dos, du cou jusqu'au bas du dos. À chaque aller-retour, la pluie est de plus en plus forte, puis l'averse se calme sur le dernier passage. Il peut recommencer la même chose sur chacune de vos jambes, sur vos bras et même sur votre crâne. Ensuite, inversez les rôles !
- **La gomme à effacer :** frottez-vous les mains comme pour réchauffer vos paumes, puis commencez à les frotter sur les jambes de votre enfant, des chevilles jusqu'aux hanches, comme si vous vouliez gommer la fatigue et les tensions sur chaque centimètre carré de son corps. Recommencez en partant du crâne jusqu'au bas du dos, du cou jusqu'aux poignets, de la paume de main jusqu'au bout des doigts. Ensuite, inversez les rôles !

L'atelier créatif du cœur

Les enfants adorent mettre du cœur à l'ouvrage lorsqu'il s'agit d'activités créatives ! Proposez-lui donc un petit atelier créatif pour réaliser des cœurs de différentes matières et de différents formats, à offrir ensuite aux personnes qu'il aime. Cœur en papier, cœur en pâte à modeler, cœur en pâte à sel, cœur à tricoter, cœur à dessiner, cœur en pâtisserie, cœur en peinture… Variez les plaisirs et les supports !

Le ronronnement des chats

Les chercheurs en psychologie positive ont démontré que le simple fait de regarder des vidéos de bébés qui sourient ou de chats qui ronronnent suffit à activer la production de l'hormone de la tendresse, l'ocytocine. Pour aider votre enfant à ressentir ces belles émotions, offrez-lui un réel moment de tendresse à partager… face à un écran ! Prenez 10 minutes pour regarder avec lui des vidéos sur Internet de bébés qui rient, de chats qui ronronnent ou de moments de tendresse. Succès assuré !

La lettre d'amour

Si votre bambin est en âge d'écrire et qu'il est amoureux, proposez-lui de l'aider à écrire sa première lettre d'amour. Aidez-le à exprimer ce qu'il ressent à la personne qui fait battre son cœur sous la forme d'un poème, de mots simples ou d'un joli dessin. S'il n'est pas amoureux, il peut écrire une belle lettre d'amour à ses grands-parents, à son frère, à sa meilleure amie ou à son deuxième parent. L'essentiel est de l'aider à oser ouvrir son cœur à une personne qu'il aime profondément.

Mon programme booster d'émerveillement et de gratitude !

Qu'est-ce que l'émerveillement et la gratitude ?

L'émerveillement est cette émotion un peu magique que votre enfant ressent lorsqu'il est subjugué, enchanté, sous le charme de quelque chose, de quelqu'un ou d'une scène. La gratitude s'en rapproche, avec en plus la notion de reconnaissance, vis-à-vis de quelqu'un ou de la vie en général, l'envie de dire merci, un merci qui vient du plus profond de son cœur et non un simple merci de politesse. Ces deux émotions sont profondes et intimes, souvent liées à une forme de naïveté, de fraîcheur, de simplicité, de spontanéité… Elles peuvent bouleverser votre enfant de l'intérieur au point de lui mettre des étoiles dans les yeux ou de faire couler ses larmes !

Les vertus de l'émerveillement…

Les recherches en psychologie positive ont permis de démontrer que le ressenti régulier et authentique d'émerveillement et de gratitude favorise une baisse du niveau de stress, une meilleure qualité du sommeil, une plus grande détermination, une performance accrue et une chute du risque de dépression. Plus votre enfant exprime sa gratitude envers les autres et plus il en est apprécié et aimé, et donc plus il a de raisons d'être reconnaissant. C'est un cercle vertueux que votre enfant mérite de connaître.

Quelles peuvent être les sources d'émerveillement et de gratitude d'un enfant ?

- Lorsqu'il reçoit un cadeau ou une attention qui le touche.
- Lorsqu'il est surpris d'une façon agréable.

- Lorsqu'il reçoit des compliments, des encouragements, des félicitations.
- Lorsqu'il reçoit de l'aide pour faire quelque chose.
- Lorsqu'il se sent entouré, chanceux, privilégié.
- Face à quelque chose de très beau pour lui, un paysage, un arbre, une peluche…
- Face à la nouveauté : tout ce qui est nouveau est beau, il a un regard neuf sur tout…
- Face à la découverte, l'apprentissage de sujets qui le passionnent.
- Face au mystère, à ce qui a trait à la magie, les secrets…

Que se passe-t-il alors en lui ?

Lorsque votre enfant s'émerveille ou qu'il ressent de la gratitude, son corps libère un mélange d'hormones apaisantes (ocytocine, sérotonine et endorphine) qui le mettent dans un état de légèreté et de bonheur, comme s'il lui poussait des ailes et qu'il se retrouvait à flotter sur un joli nuage coloré au-dessus de tout.

En paix avec le monde…

Tout son corps se relâche, il se détend de la tête aux pieds, ses yeux pétillent, brillent, et il se sent à la fois plus fort et confiant (grâce à un petit pic de dopamine, qui donne l'effet « waouw »), mais aussi plus calme et serein à l'intérieur, plus en paix avec lui-même, avec les autres et avec le monde.

Petit guide du parent bienveillant pour booster l'émerveillement et la gratitude de votre enfant

Ce que vous pouvez faire

- Prendre du temps pour observer le monde qui vous entoure avec votre enfant.
- Lui demander ce qu'il trouve de beau partout où vous allez.

- Lui dire que vous adorez quand il s'émerveille devant quelque chose.
- Prendre le temps de vous émerveiller quand il partage avec vous un bon souvenir ou une joie.
- Vous connecter régulièrement à votre enfant intérieur pour vous émerveiller vous-même.
- Lui demander de décrire ce qu'il ressent quand il vous dit merci.

- Parler régulièrement avec lui de la chance que vous avez dans la vie.
- Lui offrir un journal de gratitude dans lequel il peut noter chaque soir ses gratitudes du jour.
- Tenir vous-même un journal de gratitude.
- Proposer régulièrement en famille des tours de gratitude où chacun remercie qui il veut.
- Penser à remercier régulièrement votre enfant pour ce qu'il fait, mais surtout ce qu'il est.
- Penser à vous remercier vous-même d'être un superparent et une belle personne.
- Chaque matin, penser à mettre votre regard en mode émerveillement et/ou gratitude.

À ne pas faire

- Limiter votre enfant dans l'expression de son émerveillement avec des « chut ! ».
- Banaliser et minimiser son émerveillement avec des phrases comme : « C'est bon, tu en as déjà vu ! »
- Considérer le « merci » comme une simple marque de politesse.
- Dire « De rien ! » quand il vous dit merci (répondez plutôt « Avec plaisir ! »).
- Oublier vous-même de le remercier quand il agit avec bonté et générosité.
- Ne voir que le mauvais côté des choses partout où vous allez (au restaurant, dans la rue…).
- Partager tous vos problèmes de la journée en famille quand vous rentrez le soir.
- Vous plaindre sans arrêt de tout et de n'importe quoi.
- Répéter des phrases comme : « La vie est dure », « Les gens sont mauvais »…

La boîte à outils pour booster l'émerveillement et la gratitude de votre enfant

Les 3 gratitudes du jour

Votre p'tit bout ressent de nombreuses fois chaque jour cet émerveillement spontané, sans même s'en rendre compte. Aidez-le à en prendre conscience en lui proposant le soir un petit moment complice. L'idée ? Partager ensemble 3 moments particuliers de votre journée durant lesquels vous avez ressenti de la reconnaissance ou avez eu envie de remercier sincèrement quelqu'un pour ce qu'il vous a apporté ou ce qu'il a dit ou fait. Aidez votre enfant en lui montrant l'exemple, puis remerciez-le sincèrement pour ce moment précieux !

La lettre de gratitude pour votre enfant

Votre enfant est certainement l'une des principales sources de bonheur pour vous, alors pourquoi ne pas lui exprimer votre gratitude à son égard. Offrez-vous un moment rien qu'à vous, au calme, pour lui écrire sur une feuille de papier toutes les raisons qui vous rendent heureux lorsque vous êtes ensemble. Mettez-y tout votre cœur… Le soir, durant un moment complice, offrez-lui votre lettre ou, mieux encore, lisez-la-lui.

Quand votre enfant recevra votre lettre de gratitude, il pourra ressentir les bienfaits de recevoir une telle lettre, aussi il sera certainement très enthousiaste à l'idée d'en rédiger une lui-même à l'attention d'une personne à qui il a sincèrement envie de dire merci : son père, sa mère, sa meilleure amie, ses grands-parents… S'il ne sait pas encore écrire, vous pouvez lui proposer d'écrire quelques mots à sa place, qu'il illustrera d'un dessin de gratitude.

La balade des 5 sens

La nature est l'une des principales sources d'émerveillement des enfants (des adultes aussi, d'ailleurs !), aussi proposez à votre bambin une petite balade en nature et invitez-le à observer l'environnement, en pleine conscience, avec ses 5 sens.

- Amusez-vous à écouter les bruits de la nature, à sentir ses odeurs, à toucher le tronc d'un arbre ou une feuille, à goûter un fruit à même l'arbre, à observer les petits détails magnifiques qu'offre Dame Nature !
- Prenez ensuite un moment pour partager tout ce que vous avez particulièrement apprécié, tout ce qui vous a émerveillé…
- Remerciez votre enfant pour ce moment si agréable !

Le calendrier de gratitude

Pour vous aider à élargir le sentiment de gratitude de votre enfant, voici un petit atelier pratique qui devrait beaucoup lui plaire ! Prenez un calendrier et, ensemble, notez chaque jour pour les 21 jours à venir ce sur quoi vous pourriez porter votre gratitude. Ensuite, chaque soir, prenez un moment pour exprimer chacun votre sentiment de gratitude du jour sur le thème noté dans le calendrier. Voici 21 idées d'objet de gratitude, mais libre à vous d'en modifier, d'en supprimer, d'en ajouter…

MOIS						
1 **Merci à ma maman**	2 **Merci à mon papa**	3 **Merci à toute ma famille**	4 **Merci à mes doudous et à mes peluches**	5 **Merci à ma maison**	6 **Merci aux animaux**	7 **Merci à l'école**
8 **Merci à ma santé**	9 **Merci à mes amis**	10 **Merci au soleil**	11 **Merci à la planète**	12 **Merci à mon cerveau**	13 **Merci à mon cœur**	14 **Merci à mes rêves**
15 **Merci à mes talents**	16 **Merci à mon passé**	17 **Merci à mon présent**	18 **Merci d'avance à mon avenir**	19 **Merci à la chance**	20 **Merci à la nature**	21 **Merci à la vie**
22	23	24	25	26	27	28
29	30	31				

Le carnet de gratitude

Prenez un moment avec votre enfant pour choisir chacun un joli carnet dans lequel vous noterez vos sentiments de gratitude : ce sera votre carnet de gratitude personnel. Laissez-le vraiment choisir la taille, le style et la couverture de son carnet, l'essentiel est qu'il le choisisse vraiment avec le cœur. Proposez-lui ensuite un petit rituel chaque soir pour écrire chacun dans votre carnet ce pour quoi vous êtes reconnaissant et ce à quoi vous avez envie de dire merci par rapport à ce que vous avez vécu dans la journée. Invitez-le aussi à compléter son carnet tout seul quand il le souhaite !

La méditation de l'arc-en-ciel

Pour aider votre enfant à décupler sa capacité d'émerveillement, rien de tel qu'une petite méditation de l'arc-en-ciel ! Pour cela, proposez-lui de s'installer confortablement dans un endroit calme et lisez-lui simplement ce petit texte de méditation, extrait des méditations de l'APP Namatata (téléchargeable sur Android et iPhone), très lentement, vraiment très lentement, en n'hésitant pas à faire des pauses de quelques secondes de temps en temps.

Aujourd'hui, je te propose de partir ensemble en voyage au cœur d'un arc-en-ciel. Mais avant cela, as-tu remarqué dans quelle position tu te trouves ? Cette position est-elle agréable pour toi ? Si oui, c'est génial. Si non, prends le temps de vraiment bien te mettre à l'aise. Voilà, super…

Silence…

Maintenant que nous sommes confortablement installés… nous pouvons donc commencer notre petit voyage. Pour l'apprécier encore plus, je propose que nous fermions les yeux, tu es d'accord ? C'est bien…

Silence…

Prenons ensemble 3 profondes respirations… Voilà, parfait…

Silence…

Maintenant, imagine que nous partons en voyage au cœur d'un arc-en-ciel… Il paraît qu'un trésor se cache au bout de chaque arc-en-ciel… Mais explorons déjà chacune de ses couleurs…

Silence…

Oh… Nous voici dans une première couleur… le rouge !… Imagine que tu es maintenant entouré d'une agréable lumière rouge… Que cette lumière rouge t'apporte de l'énergie… Et observe ce qui se passe dans ton corps… Est-ce agréable ?

Silence…

Glissons maintenant du rouge vers l'orange… Imagine qu'une belle lumière orange t'entoure… Qu'elle te remplit de force et de courage… Comment te sens-tu ? Sens-tu quelque chose de différent dans ton corps ?

Silence…

La lumière orange qui t'entoure devient alors de plus en plus jaune… Comme le soleil, elle te réchauffe… Et te remplit de bonheur… C'est magique non ?… Que ressens-tu maintenant ? À quel niveau de ton corps ressens-tu particulièrement ce jaune ?

Silence…

Le jaune se transforme doucement en vert… Comme la nature… Cette belle lumière verte t'entoure et t'apporte de la légèreté et… de l'espoir… Comment te sens-tu ? Est-ce agréable pour toi ?

Silence…

Oh… Le vert devient bleu… La lumière glisse d'un bleu clair à un bleu plus foncé… T'apportant un grand calme et une grande paix intérieure… Le sens-tu dans ton corps ?

Silence…

Et nous voilà enfin arrivé dans ce superbe violet… Cette lumière violette maintenant qui t'entoure te remplit de douceur, de tendresse et… d'amour !… C'est vraiment incroyable, non ?… Apprécie simplement ce petit instant magique…

Silence…

Et si c'était ça le fameux trésor des arcs-en-ciel ?…

Silence…

Comment te sens-tu maintenant ? C'était agréable ce petit voyage ?…

Allez, prenons ensemble une dernière respiration… Voilà…

Maintenant, nous pouvons rouvrir les yeux et apprécier encore un peu ce moment de calme qui fait du bien.

Mon programme booster de confiance et d'estime de soi !

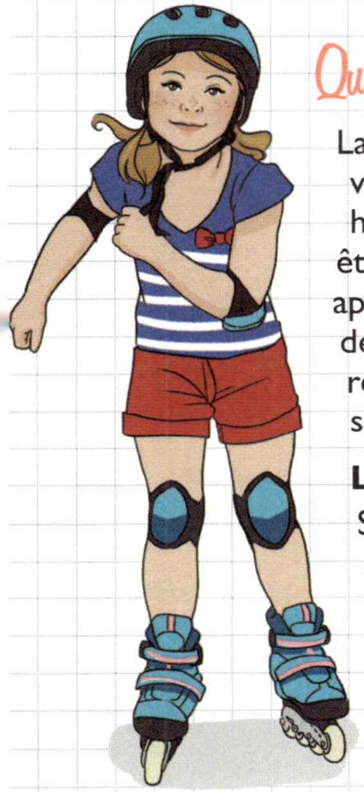

Qu'est-ce que la confiance en soi et l'estime de soi ?

La confiance en soi est le sentiment personnel associé à la perception que votre enfant a de ses propres capacités, physiques, intellectuelles, techniques, humaines ou relationnelles, ses capacités à faire, à dire, à comprendre, à être, à oser… Son estime de soi correspond plus particulièrement à ce qu'il apprécie en lui, à l'image qu'il a de lui-même, de ses valeurs, de ses aptitudes, de ses capacités et à son appréciation de cette image. Il s'agit donc de la relation que votre enfant entretient avec lui-même et des émotions qui y sont associées.

La confiance en soi ? Un véritable coach de vie !

Sa confiance en soi et son estime de soi lui permettent d'évaluer son potentiel et influencent donc directement ses décisions dans la vie de tous les jours. Elles sont à la base de tout passage à l'action, de toute relation, de tout son équilibre de vie. Elles l'aident à vivre pleinement sa vie avec une identité propre. Elles favorisent une belle adaptation dans ses relations, de belles performances et de belles réussites, et contribuent ainsi à une vie épanouie et sereine.

Quels peuvent être les signes de confiance en soi et d'estime de soi d'un enfant ?

- Il a confiance en ses capacités physiques, sa force, sa vitesse, son équilibre…
- Il a confiance en ses capacités intellectuelles, sa mémoire, sa logique, sa compréhension…
- Il ose faire des propositions, prendre des initiatives, des décisions…
- Il ose dire ce qu'il pense, même quand il a un avis différent des autres.
- Il ose exprimer ce qu'il ressent, avec sincérité et authenticité.
- Il aime bien prendre soin de lui et se faire beau.
- Il n'a pas peur du regard des autres, d'être jugé ou que l'on se moque de lui.
- Il ose demander de l'aide, naturellement, sans pour autant se sentir nul.
- Il exprime son enthousiasme à entreprendre quelque chose de nouveau.
- Il exprime sa fierté à réussir quelque chose, avec sincérité et humilité.

Que se passe-t-il alors en lui ?

Lorsque votre petit bout a confiance en lui, son taux de testostérone (hormone masculine) augmente nettement tandis que son taux de cortisol (hormone du stress) diminue. Il a alors tendance à se redresser, à écarter les épaules, à relever le menton, à regarder plus facilement droit dans les yeux et à parler avec un ton plus affirmé. Sa respiration et son rythme cardiaque sont réguliers, il est maître de ses émotions et de son corps, il se sent calme, serein et confiant.

Développer son courage…

Si en plus il a une belle estime de lui-même, qu'il aime être celui qu'il est et qu'il est fier de ce qu'il fait, son corps libère aussi de l'ocytocine (hormone de l'amour), ce qui favorise ses liens sociaux et renforce encore sa confiance en lui.

Dans certains contextes imposés (lors d'un contrôle, d'un spectacle ou d'une compétition sportive), un pic d'adrénaline (hormone de la motivation) vient renforcer la confiance en soi de votre enfant en lui apportant l'énergie, le courage et la motivation nécessaires pour se dépasser ou oser passer à l'action, malgré le tract, le stress ou la peur.

Petit guide du parent bienveillant pour booster la confiance en soi et l'estime de soi de votre enfant

Ce que vous pouvez faire

- Mettre en valeur ce qui rend votre enfant unique et merveilleux.
- Lui rappeler régulièrement que vous l'aimez et que vous êtes fier de lui.
- L'encourager à s'accepter et à s'aimer avec ses forces et ses imperfections.
- Accueillir vous-même avec amour et bienveillance ses différences, ses difficultés et ses imperfections.
- L'encourager à exprimer sa fierté sans en avoir honte.
- Accueillir ses fragilités et ses limites sans jugement et avec bienveillance.
- L'encourager dans tous ses projets, ses efforts, toutes ses initiatives.
- L'encourager avec amour et confiance dans ses épreuves et ses difficultés.
- Le féliciter lorsqu'il réussit quelque chose ou qu'il obtient de bons résultats.

→ Le féliciter lorsqu'il a un bon comportement, une belle attitude, qu'il fait de bonnes actions.

→ Le féliciter lorsqu'il progresse, évolue ou fait des efforts pour avancer.

→ Discuter avec lui de ce qu'il ressent quand il a une mauvaise note ou qu'il perd un match.

→ Développer votre propre confiance en vous et votre estime de vous-même.

→ Apprendre à vous aimer, à aimer la personne et le parent imparfait que vous êtes.

À ne pas faire

→ Humilier votre enfant avec des phrases comme : « Tu es vraiment nul [bête, idiot…] ou quoi ? »

→ Porter votre attention essentiellement sur ses défauts et ses échecs (les siens, les vôtres…).

→ Le punir ou le gronder quand il a une mauvaise note.

→ Le comparer sans cesse à des « meilleurs » que lui.

→ Vous comparer vous-même sans arrêt aux autres.

→ Le positionner sans arrêt en victime dans ses relations.

→ Vous positionner vous-même sans cesse en victime.

→ Lui dire sans arrêt qu'il pourrait encore faire mieux.

→ Râler, crier ou vous énerver sur lui ou sur tout et n'importe quoi.

→ Vous plaindre en permanence et être négatif et pessimiste.

La boîte à outils pour booster la confiance en soi et l'estime de soi de votre enfant

Le rituel de fierté du soir

Pour l'aider à développer sa confiance en lui, devenez le premier fan de votre enfant ! Soyez fier de ses actions au quotidien et dites-le-lui. Attention tout de même à bien trouver le juste milieu entre la fierté personnelle, humble, et la prétention ou l'égocentrisme. Pour cela, proposez-lui un petit rituel le soir : montrez-lui l'exemple en lui parlant de vos succès avec humilité tout en exprimant votre gratitude pour tous ceux qui vous ont aidé ou inspiré. Parlez de votre satisfaction à avoir réussi à aller jusqu'au bout de quelque chose et à voir tel ou tel résultat positif, et félicitez-le pour ses propres réussites (sans en faire trop non plus !).

Le dessin des forces de la famille

La confiance en soi et l'estime de soi se développent beaucoup au travers du regard des autres, c'est pourquoi vous pouvez proposer un petit atelier dessin en famille un peu particulier.

→ Chacun prend une feuille blanche, se dessine dessus et écrit son prénom sur la feuille.

→ Tous les membres de la famille commencent à noter leurs propres forces, leurs talents, leurs qualités autour de leur dessin.

→ Ensuite, faites tourner les feuilles de façon qu'elles passent entre les mains de tous. Chacun illustre chaque feuille par des mots (forces, talents, qualités de la personne dessinée) ou des dessins (cœurs, soleils, étoiles, smileys…).

→ Au final, chacun récupère sa feuille, pleine de mots et de dessins positifs la décrivant !

Le rituel matinal de vitalité !

L'énergie des premières minutes de la journée a un fort impact sur l'énergie du reste de la journée. Aussi, si vous voulez que votre enfant commence sa journée plein d'entrain et de confiance, proposez un petit rituel de vitalité de bon matin !

1. On se redresse.
2. On s'étire au maximum de partout.
3. On écarte les épaules et on bombe le torse.
4. On prend une profonde respiration.
5. On sourit comme si on venait d'apprendre une super nouvelle.
6. On dit « Yes ! » en faisant un geste avec les bras.

Et dans cette énergie, c'est parti pour une super journée !

Le rituel de responsabilité

Un bon moyen de développer la confiance et l'estime de votre enfant, c'est de lui donner des responsabilités lui permettant de développer son leadership. Vous pouvez, par exemple, instaurer le matin un rituel de responsabilité du jour (ou à la semaine, si vous préférez). Chaque membre de la famille a une responsabilité : chef de la salle de bains, chef de la vaisselle, chef du linge… Mais attention, soyez bien clair : un responsable ne fait pas forcément tout, il doit surtout veiller à ce qu'une mission soit bien faite, par lui ou en apprenant à déléguer, à encourager, à remercier et à féliciter ceux qui contribuent à la mission. Veillez tout de même à ce que votre bambin ne devienne pas un petit tyran en herbe !

L'exercice de la tempête

Pour apprendre à votre enfant à garder confiance même dans l'épreuve et face à plus fort que lui, voici un petit exercice amusant à faire en famille.

- Prenez une couverture, saisissez-en deux coins et dites à votre enfant de saisir les deux coins opposés et de les tenir fermement.
- Transformez-vous alors en ouragan et secouez la couverture dans tous les sens. Défiez votre enfant de rester accroché à la couverture le plus longtemps possible.
- Apprenez-lui à braver cette tempête, à subir les intempéries sans lâcher ses deux coins. Si votre enfant manque un peu de confiance en lui, cet exercice pourra être difficile au début, mais il va progressivement apprendre à serrer plus fort, à devenir plus fort.
- Cet exercice est utile pour lui faire prendre conscience de sa force, de sa capacité à progresser et de son pouvoir personnel sur ce qu'il pense ne pas pouvoir contrôler.

Le dîner de kifs

L'un des moyens les plus simples pour booster l'optimisme et donc la confiance en soi de votre petit est de lui apprendre à porter son attention sur les belles choses de la vie au moins autant (sinon plus) que sur les moins belles. Pour cela, montrez-lui l'exemple et impulsez-lui l'habitude en proposant régulièrement à la maison des dîners de kifs. Durant le repas, chacun votre tour, exprimez au moins 3 kifs, c'est-à-dire au choix 3 petits plaisirs ou bonheurs du jour pour vous ou bien vos 3 meilleurs souvenirs ou vos 3 plus gros fous rires. Variez les thèmes à chaque repas, et ne partagez que du positif ! Les premiers temps, ce n'est pas toujours simple de trouver les kifs, mais, petit à petit, votre enfant demandera s'il peut en partager plus que 3 tellement il sera capable d'en trouver !

Chapitre 5

Mon programme happy family

Programme de prévention anti-crise

Les crises faisant partie du développement normal de votre enfant, vous ne pourrez pas les éviter totalement, mais vous pouvez mettre en place de nouvelles habitudes permettant d'en réduire la fréquence et l'intensité. Voici quelques pistes de rituels et de comportements éducatifs à adopter pour aller dans ce sens !

Rituels quotidiens

Un rituel, c'est quoi au juste ?
Un rituel est un peu comme une scène de théâtre qui se répète chaque jour : il y a différentes étapes à suivre scrupuleusement. La notion de rituel fait référence en particulier à une action reproduite à un rythme régulier, totalement intégrée dans les habitudes. Par exemple, chaque famille a ses rituels de repas, de bain, de coucher, etc.

L'origine d'une crise vient donc principalement de la frustration d'un besoin, c'est pourquoi nous vous proposons de mettre en place quelques petits rituels quotidiens sécurisants de prévention anti-crise, répondant aux principaux besoins de votre enfant par rapport à ses piliers d'hygiène de vie.

Un réveil progressif et en douceur

Prenez l'habitude de réveiller votre enfant à heure régulière, environ une heure avant de partir à l'école, pour éviter qu'il ne se sente déjà sous pression au réveil. Mettez en place un réveil progressif et en douceur (éviter la sonnerie brutale du réveil).

- Environ 10 minutes avant l'heure, ouvrez simplement sa porte, pour laisser entrer la lumière et les bruits d'ambiance de la maison qui se réveille.
- À l'heure du réveil, approchez-vous de lui, caressez-lui doucement les cheveux et faites-lui un petit bisou en lui disant doucement bonjour.
- Laissez-le ensuite se réveiller à son rythme, ouvrez les volets tranquillement et invitez-le à vous rejoindre pour le petit déjeuner dès qu'il aura été aux toilettes et qu'il se sera passé un petit coup d'eau sur le visage.

Un petit déjeuner calme et équilibré

Prévoyez au moins 20 minutes pour le temps du petit déjeuner, de préférence au calme, en famille, sans écran ni agitation autour de la table. Asseyez-vous à table avec votre petit et profitez-en pour discuter tranquillement de la journée qui vous attend. Si votre bambin connaît d'avance le programme de sa journée, il aura moins de surprises. Par ailleurs, l'utilité du petit déjeuner est de donner du carburant au corps pour tenir toute la matinée jusqu'au prochain repas, donc ne laissez pas votre enfant partir à l'école le ventre vide ! Son manque d'énergie contribuerait à sa réactivité émotionnelle matinale. Ne lui donnez pas trop d'aliments riches en sucres rapides non plus. Pour simplifier, les sucres rapides se consomment rapidement et font tomber le corps en hypoglycémie tout aussi rapidement, ce qui favorise sa sensibilité émotionnelle dans la matinée.

C'est quoi, un petit déj' équilibré ?

- Un produit laitier pour l'apport en calcium et en protéines.
- Un fruit coupé en dés ou un fruit pressé pour la vitamine C.
- Une ou deux tartines de pain légèrement beurrées pour les vitamines A et D.
- Un peu de confiture ou de miel sur les tartines pour l'énergie immédiate… et le plaisir !

Un petit déjeuner très sucré

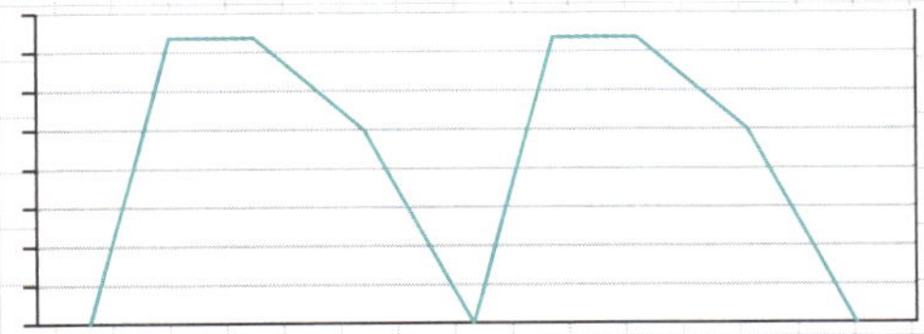

Un petit déjeuner équilibré

La préparation pour l'école

Afin de faciliter les différentes étapes de préparation pour aller à l'école, prenez l'habitude de décrire d'avance tout ce qui est prévu : « Après t'être habillé, tu vas aller te laver les dents, puis on se retrouve dans l'entrée pour enfiler nos manteaux et nos chaussures. Quand nous arriverons à l'école, je descendrai t'accompagner à l'entrée de la garderie. J'ai hâte de faire notre petit câlin de bonne matinée ! Après, je repartirai rapidement pour aller à mon travail et tu pourras aller jouer avec tes camarades. OK pour toi ? »

Les 10 minutes rien que pour lui au retour de l'école

Un enfant en colère, stressé, angoissé ou jaloux est un enfant frustré car l'un de ses besoins n'a pas été pris en compte. Pour limiter le risque de passer à côté d'un de ses besoins essentiels, mettez en place un rituel chaque jour à son retour de l'école : consacrez 10 minutes rien que pour lui. Prenez-le sur vos genoux et intéressez-vous spécifiquement à lui, à sa journée, à ce qu'il a vécu, ressenti, aimé ou moins aimé (vous comblerez son besoin de reconnaissance). Terminez par un petit câlin (pour nourrir quoi qu'il arrive son besoin d'amour), qui suffit parfois à éviter toute potentielle crise en fin de journée.

Un goûter léger et équilibré

Tout comme le petit déjeuner, évitez une alimentation trop sucrée au goûter, elle favoriserait une surexcitation nerveuse propice aux petites crises de fin de journée. Limitez aussi la taille du goûter, qui est supposé apporter à votre enfant l'énergie nécessaire pour tenir les quelques dernières heures avant le repas du soir. S'il mange trop au goûter, il n'aura plus faim au dîner et la crise du soir à table sera difficilement évitable.

C'est quoi, un goûter parfait ?

- Un produit laitier (yaourt, verre de lait, portion de fromage).
- Un produit céréalier (biscuits, pain, céréales, galettes de maïs ou de riz).
- Un fruit de saison ou une compote de fruits sans sucres ajoutés.

Un câlin avant les devoirs

Faire ses devoirs est rarement l'activité préférée des enfants ! Pourtant, c'est un rituel auquel il est encore difficile d'échapper. Pour rendre ce moment plus agréable pour votre petit, mettez en place avec lui un nouveau rituel de mise en situation ! Juste avant qu'il se mette à ses devoirs, proposez-lui de choisir une chanson qu'il aime et écoutez-la ensemble dans les bras l'un de l'autre. Terminez par un câlin et une phrase d'encouragement : « Super, maintenant, tu es au top pour faire de ton mieux pour tes devoirs, et n'hésite pas à me demander si tu as besoin d'aide ! »

Veillez à rester disponible durant le temps des devoirs au cas où… Il est alors peu probable qu'une crise éclate à ce moment-là, même en cas de difficulté dans ses leçons.

Une séance de yoga ludique avant le repas du soir

En général, le dîner vient sortir votre enfant d'un moment agréable de jeu pour lui. Il est donc normal qu'il se sente frustré d'arrêter une activité qu'il aime pour des tâches beaucoup moins agréables, comme mettre la table, se laver les mains, etc. Mettez donc en place un rituel ludique avant le repas pour faciliter la transition : intégrez une petite séance de yoga ludique en famille (voir p. 52) ! Cela mettra tout le monde en appétit, et le passage à table semblera beaucoup plus naturel et agréable.

Un bain ou la douche

Pour rendre le moment de la toilette du soir agréable et zen, proposez à votre enfant de choisir une musique qu'il veut écouter durant son bain ou sa douche. Mettez-vous d'accord sur la durée de ce moment dans la salle de bains et, selon son âge, aidez-le à se laver et jouez avec lui durant ce laps de temps, ou laissez-le seul se laver et jouer un peu, avant de revenir avec une serviette toute chaude. Terminez ce moment avec un câlin pour le réchauffer dans sa serviette et aidez-le à se mettre en pyjama.

Le coucher

Une bonne nuit de sommeil est essentielle à votre enfant pour qu'il soit en pleine forme le lendemain, et donc pour éviter la fatigue propice aux crises émotionnelles. Veillez à maintenir une heure régulière de coucher et mettez en place un rituel qui lui permette de s'endormir dans les meilleures conditions : petite lecture du soir, câlin, berceuse, veilleuse, bisou du dodo…

Rituels hebdomadaires

Si ces rituels quotidiens vous permettent de prévenir au maximum les crises de votre enfant les jours d'école, il va vous falloir adapter certains rituels spécifiques pour les autres jours.

Le mercredi après-midi

En répondant à son besoin de stabilité, vous limitez les risques de crise de votre enfant. Pour cela, mettez en place un rituel d'activité du mercredi après-midi respectant autant que possible les rythmes habituels de votre enfant.

- S'il a l'habitude de faire une sieste à l'école, prévoyez un temps de sieste à peu près aux mêmes heures.

- Instaurez au moins une sortie de 10 minutes dans l'après-midi pour qu'il se défoule à l'extérieur, comme dans la cour de récréation à l'école.
- Le reste du temps, vous pouvez soit l'inscrire à une activité en club, soit lui proposer un atelier ludique à faire avec lui, soit le laisser jouer seul pour nourrir aussi son besoin d'autonomie.

Le week-end

Les rythmes du week-end sont évidemment différents de ceux de la semaine, mais, là encore, votre enfant a besoin de repères et de stabilité : ritualisez les horaires de lever, de coucher, de sieste et de repas du week-end, en veillant si possible à ne pas trop les décaler par rapport à ceux de la semaine, pour éviter une réadaptation épuisante le lundi matin. Surtout, veillez à ajouter des petits extra pour partager ensemble des moments forts et créer d'inoubliables souvenirs en famille : une petite séance photos de vacances sur le canapé après le petit déjeuner, un pique-nique ou une balade en famille dans un parc, une séance de karaoké en famille après avoir mangé le samedi soir… Amusez-vous ensemble et rendez chaque journée exceptionnelle ! Veillez tout de même à ne pas trop encombrer votre planning, pour laisser place aux petits moments simples de complicité.

Le planning de la semaine

De la même façon que vous présentez le programme de la journée à votre enfant chaque matin lors du petit déjeuner, prenez l'habitude, le dimanche soir, de lui présenter le programme de la semaine à venir. L'anticipation d'éventuels changements de planning ou d'habitudes limite les risques de frustration, de déception ou d'inquiétude, et donc de crise.

Carnet d'adresses

Le site de Cécile Neuville

Pour en savoir plus sur l'auteur, son parcours, ses valeurs, ses activités et ses publications, et profiter d'une séance offerte de visualisation positive de confiance en soi.
Http ://www.psychologue-montpellier.fr

Blog de la psychologie positive pour tous

Actus, vidéos, tests, livres, MP3, citations, expériences, exercices et échanges sur la psychologie positive globalement, partagés par Cécile Neuville, auteure de ce petit cahier.
http://pychologie-positive.blogspot.fr

Blog « les supers parents »

Conseils et ressources en parentalité bienveillante, partagés par un couple d'heureux parents de 3 super bambins qui leur donnent pourtant du fil à retordre selon eux… mais qui sont très inspirants !
http://www.les-supers-parents.com

Blog « Cool Parents Make Happy Kids »

Articles, astuces, activités et ressources en éducation positive, partagés par une maman imparfaite qui n'a pas d'enfants parfaits selon elle… mais très inspirante !
http://www.coolparentsmakehappykids.com

Bibliographie

Bibliographie de l'auteur

- Cécile Neuville, *le Secret du bonheur permanent,* Leduc S., 2013.
- Cécile Neuville, *Apprendre à lâcher prise,* Leduc S., 2014.
- Cécile Neuville, *Mon cahier pensée positive,* Solar, 2015.
- Cécile Neuville, Jean-Michel Gurret, Jean-Michel Jakobowicz et Marie-Laurence Cattoire, *le Meilleur du développement personnel,* Leduc S., 2015.
- Cécile Neuville et Junet Pambou, *Je joue et je découvre mes émotions,* Solar, 2016.
- Cécile Neuville, *5 minutes par jour pour lâcher prise,* Leduc S., 2016.
- Cécile Neuville, *Mon cahier perfect time,* Solar, 2017.
- Cécile Neuville, Carole Serrat, Jean-Michel Jakobowicz et Carole Berger, *Happiness thérapies,* Leduc S., 2017.

Bibliographie d'éducation positive et de gestion des émotions des enfants

- Daniel Goleman, *l'Intelligence émotionnelle,* Robert Laffont, 1997.
- Isabelle Filliozat, *J'ai tout essayé,* Marabout, 2013.
- Isabelle Filliozat, *Au cœur des émotions des enfants,* Marabout, 2013.
- Jane Nelson, *la Discipline positive,* Marabout, 2014.
- Marie-Claire Penot, *Je gère les émotions de mon enfant,* Solar, 2016.
- Agnès Dutheil, *la Psychologie positive avec les enfants,* Eyrolles, 2016.
- Martin Séligman, *l'École de l'optimisme,* Marabout, 2016.
- Stéphanie Couturier, *Aidez votre enfant à gérer ses colères,* Marabout, 2017.
- Bénédicte Péribère et Solenne Roland Riché, *les 50 Règles d'or de l'éducation positive,* Larousse, 2017.

Mes notes :

Découvrez tous nos cahiers pratiques et notre catalogue sur :
www.solar.fr

Direction : Jean-Louis Hocq
Direction éditoriale : Suyapa Hammje
Édition : Marion Guillemet-Bigeard
Rédaction : Chloé Chauveau, Nelly Deflisque
Conception et mise en couleur de la couverture : Stéphanie Brepson
Mise en pages : Nord Compo
Fabrication : Céline Premel-Cabic

ISBN : 978-2-263-15346-4
Code éditeur : S15346
Dépôt légal : février 2018
Imprimé en France par Imprimerie de Champagne - Langres (52)

HarmonieSolar

harmonie_solar

Solar | un département **place des éditeur**

place
des
éditeurs